GELEBTES CHRISTENTUM

Herausgegeben von
Victor Conzemius und Andreas Lindt

Iso Baumer

Prinz Max von Sachsen

Einheit der Kirchen
Lebensreform
Frieden

Imba Verlag, Freiburg Schweiz
Friedrich Wittig Verlag, Hamburg

Bildnachweis:
Die Fotos sind dem Verlag freundlicherweise vom Autor zur Verfügung
gestellt worden.

® 1985 Imba Verlag, Freiburg Schweiz
ISBN 3-85740-129-X

Friedrich Wittig Verlag, Hamburg
ISBN 3-8048-4309-3

Herstellung:
Kanisiusdruckerei, Freiburg/Schweiz

Inhalt

Vorbemerkung	7
1. Der eigenwillige Prinz und Priester	8
2. Wohltäter und Bettler	15
3. Der umstrittene Gelehrte	21
4. Gehorsam und Freiheit	29
5. Der weise Narr	34
6. Der unzeitgemässe Prophet	41
Stammtafel (in Auswahl)	54
Zeittafel und wichtigste Werke	56
Dank und Bitte	61

Vorbemerkung

Prinz Max von Sachsen (1870–1951): heute weithin ein Unbekannter, ausser in seiner weitläufigen aristokratischen Verwandtschaft und im Volke Freiburgs in der Schweiz[1] sowie unter den früheren Studenten und Professoren daselbst, wo er fast ein halbes Jahrhundert lebte und lehrte. Dabei stand ihm, dem Königsspross, eine glänzende Karriere – zuerst in Staat und Armee, dann in der Kirche – bevor; aber er wurde und blieb Universitätsprofessor, allerdings auf höchst eigenartige Weise; ein wagemutiger Forscher, der sich mit seinen freimütig geäusserten Ideen überall in die Nesseln setzte, zutiefst Seelsorger, geistlicher Ratgeber, Wohltäter, ein vorzeitiger Künder der Einheit der Kirchen und ein vergeblicher Mahner zu Frieden und zu Achtung vor der gesamten Schöpfung. Ihm sei diese Kurzbiographie gewidmet, Vorläuferin einer umfassenden Lebensbeschreibung, die in Bearbeitung ist; diese wird dann auch die Dokumentation bringen, um alle Aussagen zu belegen, wozu hier, in dieser kleinen Schrift, nicht der Ort ist.

---

[1] Wenn von Freiburg die Rede ist, meine ich immer Freiburg im Uechtland (in der Schweiz), sonst wird «im Breisgau» hinzugefügt.

1. Der eigenwillige Prinz und Priester

Prinz Max wurde während des Deutsch-Französischen Krieges 1870 geboren; er führte es später auf diese Tatsache zurück, dass er sich besonders dem Frieden verpflichtet fühlte. Nach diesem Krieg brach scheinbar eine friedvolle Epoche an. Aber das industrielle Wachstum hatte die soziale Frage im Gefolge. Der Nationalismus wurde extrem, und mit ihm der Militarismus. Der Weltkrieg 1914/18 riss dann das deutsche Kaiserreich samt seinen Königreichen, Herzog- und Fürstentümern in den Strudel, und seither ist die weltweite Friedlosigkeit – oder die Zeit sehr «relativen Friedens» – zum Dauerzustand geworden, unterbrochen vom zweiten Weltkrieg und zahllosen grösseren und kleineren Waffenkonflikten in aller Welt.

Prinz Max war Mitglied des Hauses Wettin, das von 1089 bis 1918 ununterbrochen in Sachsen herrschte, dessen Territorium sich im Laufe der Jahrhunderte je nach politischer oder Kriegsgunst vergrösserte oder verkleinerte. Seine Vorfahren waren Markgrafen von Meissen, Kurfürsten von Sachsen (seit 1423); in der Reformation, d. h. nach dem Tod Georgs des Bärtigen (1539), wurden sie Protestanten; nachdem schon Mitglieder der Nebenlinie Sachsen-Weissenfels katholisch geworden waren, konvertierte Friedrich August I. der Starke zum Katholizismus, um 1697 die polnische Königskrone zu erwerben; seit der später erfolgten Konversion auch seines Sohnes blieb der Katholizismus erblich, so dass fortan im lutherischen Sachsen eine katholische Familie herrschte, was oft zu recht schwierigen Situationen führte. 1806 wurde dem sächsischen Kurfürsten von Napoleon der Königstitel verliehen. Durch Beschluss des Wiener Kongresses verlor Sachsen mehr als die Hälfte seines Gebietes an Preussen. 1831 wurde die konstitutionelle Monarchie eingeführt. Kirchlich gehörten die etwa 5 % katholischen Einwohner Sachsens zur Apostolischen Administratur des Bistums Meissen in der Lausitz, mit Sitz in Bautzen, deren Inhaber seit 1816 Titularbischöfe waren; erst 1921 entstand wieder das Bistum Meissen, seit 1979 Dresden-Meissen mit Sitz in Dresden.

Prinz Max von Sachsen im Kreise seiner Geschwister. Sitzend von links nach rechts: Prinzessin Mathilde, König Friedrich August III., Erzherzogin Maria-Josepha von Österreich (Mutter Kaiser Karls). Stehend von links nach rechts: Prinz Johann Georg und Gemahlin Maria Immakulata, Prinz Max.

Prinz Max wuchs mit mehreren Geschwistern auf: Prinzessin Mathilde blieb ledig; sie war eine beachtliche Malerin, belesen und gelehrt, mit rauher Schale, karitativ tätig. Maria Josepha hei-

ratete den österreichischen Erzherzog Otto und wurde Mutter des späteren Kaisers Karl. Friedrich August wurde nach dem Tode seines Vaters König; er hatte Luise von Österreich-Toskana geheiratet, die ihm sechs Kinder schenkte, ihn aber noch vor der Geburt des letzten verliess, worauf die staatliche Ehescheidung ausgesprochen wurde. Die Hintergründe dieser tragischen Affäre sind trotz einer Flut von Publikationen nicht aufgehellt; Prinz Max litt schwer darunter. Johann Georg, nur um weniges älter als Max, wurde mit ihm zusammen erzogen, besuchte auch die Universität und befasste sich später mit Geschichte und Archäologie, vor allem des Nahen Orients. Nach Max kam Albert auf die Welt, der mit nur 25 Jahren an einem Unfall starb. Seine Eltern waren Prinz Georg, der erst mit 70 Jahren, und nur für zwei Jahre, König wurde, und Prinzessin Anna Maria, geborene Infantin von Portugal. Im Hause Wettin herrschte damals ein streng katholischer Geist und eine sittlich hochstehende Atmosphäre, aber auch eine eher steife Etikette. Das Priestertum oder der Ordensstand waren im Hause Wettin nicht eben selten, doch wird man erst bei Prinz Max und dann wieder bei seinem Neffen Georg von einer ganz persönlichen, rein priesterlichen Berufung ohne politische Nebenabsichten sprechen können.
Zunächst hatte Prinz Max sich der in Häusern seines Standes üblichen schulischen und militärisch-sportlichen Ausbildung zu unterziehen. Sie war peinlich genau geregelt. Pflichtbewusstsein und Gewissenhaftigkeit schlossen aber Herzlichkeit und innigen Familienzusammenhalt nicht aus. Das gilt besonders für die Mutter von Prinz Max, die schon sehr früh starb, wie für die Tante, Königin Carola, die – selbst kinderlos – vor allem für Prinz Max eine herzliche Zuneigung empfand und sich stets mütterlich um ihn sorgte. Im Winter wohnte die Familie gewöhnlich im (1945 zerstörten) Palais der Sekundogenitur an der Langen Strasse (später Zinzendorfstrasse) in Dresden, im Sommer in der (heute baulich stark veränderten) Villa Hosterwitz beim Schloss Pillnitz an der Elbe.
Sein Entschluss, Priester zu werden – nachdem er eben seine militärische Karriere mit Bravour begonnen und sein Rechts- und Nationalökonomie-Studium mit dem Doktorat in Leipzig abgeschlossen hatte –, liess sogleich politische Komplikationen

befürchten, die dann auch eintraten, und musste auf Geheiss des königlichen Onkels zunächst für ein Jahr zurückgestellt werden. Man wählte für ihn das bayerische bischöfliche Lyzeum (später Theologische Hochschule) und Priesterseminar in Eichstätt zur theologischen Bildung aus. Der aufsehenerregende Schritt wurde in den Zeitungen ausgiebig diskutiert und je nach politisch-konfessioneller Färbung als Ausdruck katholischen Ultramontanismus und Gefahr für den konfessionellen Frieden gebrandmarkt, in Zusammenhang mit einer Liebesaffäre gebracht oder mit dem Hinweis auf die tiefe Bedeutung des katholischen Priestertums und den Verzicht auf königliche Würden hoch gepriesen.
Noch vor Beginn des eigentlichen Studiums reiste Prinz Max nach Einsiedeln, um in der Gnadenkapelle vor dem Bild der Mutter Gottes seinen Degen aufzuhängen. Die Waffe hatte bei der Einreise über den Bodensee des Zöllners Misstrauen erweckt: «Wollen Sie sich duellieren?» fragte er. Im Priesterseminar wäre Prinz Max am liebsten wie alle andern Seminaristen behandelt worden. Aber er konnte sich gewissen Ausnahmen in Wohnung (zwei Zimmer statt Schlafsaal), Nahrung (tägliches Vesperbrot mit Bier), Kleidung (pelzgefütterte Soutane im Winter) und Umgang (Vorzugsstellung beim Bischof, Leopold Freiherr von Leonrod) nicht entziehen. Es war damit zu rechnen, dass er alle Ratschläge in bezug auf Übereifer im Studium und in der Aszese in den Wind schlagen würde (man müsse ihm «die Faust in den Nacken setzen», hatte sein geistlicher Berater, Pater Albert Maria Weiss OP, damals in Graz, dem Bischof von Eichstätt geschrieben), und so fand man es für geraten, ihn recht gut zu überwachen, was ihn manchmal ganz widerspenstig machte. Er brach auch sonst immer wieder aus der Kontrolle aus: Einmal erschien er im Speisesaal zur Erheiterung der Studiengenossen und Professoren mit völlig kahlgeschorenem Kopf, und während eines Erholungsaufenthaltes am Gardasee nach einer langwierigen Erkältungskrankheit empfing er den ihm zur Begleitung zugeteilten Priester mitten im Winter bei strömendem Regen höchstpersönlich am Schiffslandeplatz.
Als nach sechs Semestern erfolgreichen Studiums Priesterweihe und Primiz nahten (üblich waren damals in Eichstätt ein Jahr Philosophie und vier Jahre Theologie), beharrte Prinz Max dar-

auf, in Dresden in der Hofkirche seine erste heilige Messe feiern zu können, und als der König aus Rücksicht auf die mehrheitlich lutherische Bevölkerung eine Privatkapelle vorschlug, drohte der Priesteramtskandidat, dann komme er überhaupt nicht nach Sachsen. Nur mit Mühe war er dann doch dazu zu bewegen, in der Kapelle des Josephinenstifts vor zweihundert geladenen Gästen zu primizieren. Aber schon die erste öffentliche Predigt in der Hofkirche wirbelte Staub auf, da er darin die Protestanten sanft, aber nachdrücklich zur Rückkehr in die Mutterkirche einlud.

Alle zuständigen Stellen waren ratlos, was man nun mit Prinz Max anfangen solle; dass ihm eine ehrenvolle kirchliche Laufbahn bevorstand, war überall nicht nur stillschweigende Voraussetzung, und deswegen hatte man ihm auch vom Ordensberuf abgeraten. Nur er selbst scheint nichts davon gehalten zu haben. Er wollte dringendst in die Seelsorge, und zwar in die ganz gewöhnliche Pfarreiseelsorge. Sachsen kam nicht in Frage, nicht einmal mehr für Predigten auf Einladung hin; so suchte man einen geeigneten Pfarrer anderswo in Deutschland. Aber Prinz Max fuhr nach London, in die Deutsche Mission, von wo bald beängstigende Berichte in die Heimat drangen: Er vernachlässige sein Äusseres, laufe «mit 4 Pence in der Tasche» herum, stürze sich hektisch in seelsorgerliche Aktivitäten; er wolle unbedingt «in die Missionen» nach Indien, weil dort Hungersnot und Pest herrsche und man viele Hindus bekehren könne. Sein ehemaliger Militärgouverneur (d. h. Erzieher), inzwischen P. Sebastian von Oer OSB in Beuron geworden (1845–1925), wurde ihm nachgeschickt, um zum Rechten zu sehen; er musste ihn ermahnen, den eigenen Willen nicht allzu rasch mit dem Willen Gottes zu verwechseln.

Schliesslich gelang es, ihn zurückzuholen und ihn an die Kuratie von St. Walburga in Eichstätt zu verpflichten. Mit dem gesamten Hausrat (wappengeschmückte Möbel, Klavier, «einfaches weisses Porzellangeschirr», um das sich Königin Carola persönlich kümmerte) wurde ihm aus Dresden auch ein Diener geschickt, «der für ihn sorgt», wie der König bestimmte. Neben der Seelsorge bereitete sich Prinz Max in aller Stille auf das Doktorat in Theologie vor, das er in Würzburg ablegen sollte, wie ihm Bischof von Leonrod mit Zustimmung des Apostolischen Administrators

von Sachsen empfahl, zumal «da Schell nicht mehr Rektor ist», der manchen ob seiner fortschrittlichen Ideen (Führer des deutschen Reformkatholizismus) als suspekt galt (1850–1906). Man wollte ihn in streng dem 1. Vatikanischen Konzil verpflichteten Grundsätzen festhalten und gegen alle gefährlichen Strömungen abschirmen. In Eile doktorierte Prinz Max, nicht gerade glanz-, aber ehrenvoll, und nahm dann eine Stelle in Nürnberg an, was in den Zeitungen wieder Staub aufwirbelte; der prinzliche Priester wurde eben auf Schritt und Tritt verfolgt. Sein Seelsorgeeifer, seine Freigebigkeit, sein Freimut erweckten in einigen Kreisen Anklang, bei andern Anstoss. Er stürzte sich in eine Polemik mit einem sächsischen Hobbytheologen, der die Moraltheologie des hl. Alphons von Liguori angriff, und zeichnete sich dabei durch Scharfsinn, Belesenheit und sarkastischen Stil aus.
Hinter seinem Rücken wurden die Fäden für die «kirchliche Laufbahn» gesponnen: Freiburg im Breisgau dachte daran, den achtundzwanzigjährigen Prinzen in die Bischofskandidatenliste aufzunehmen; der angefragte Bischof von Eichstätt hielt ihn für intellektuell durchaus befähigt, aus jugendlicher Unerfahrenheit aber weniger geeignet und kirchenpolitisch völlig deplaciert, da er zu schroff und unnachgiebig, zu eifrig und zu unklug sei; der Nuntius sah ihn überdies eher zu einem späteren Zeitpunkt in Köln. In der Tat war er 1899, 1902 und 1912 im Gespräch aus Anlass der Besetzung des erzbischöflichen Stuhles in Köln und 1899 in Mainz; 1907 war er im Vatikan vorgesehen als Bischof der mit Rom unierten Gläubigen Russlands; 1912 kursierte das Gerücht, er werde Weihbischof der ruthenisch-unierten Kirche des byzantinischen Ritus beim Erzbischof und Metropoliten Scheptytzkyj in Lemberg, das damals zu Österreich-Ungarn gehörte. Aus verschiedenen Gründen wurde nie etwas aus diesen Projekten, an denen Prinz Max ganz unschuldig war und die ihm kaum zu Ohren kamen; im Gegenteil, man wusste von ihm, dass er nie Bischof werden wollte. 1902, er war kaum Professor in Freiburg in der Schweiz geworden, wurden Pläne geschmiedet, um ihn als Kurienkardinal nach Rom zu berufen, wie weiter unten dargelegt wird. 1921 wurde Prinz Max von Papst Benedikt XV. zum päpstlichen Hausprälaten ernannt. Nachdem der bischöfliche Kanzler von Freiburg Prinz Max endlich mitten in den Sommerferien in

Deutschland aufgestöbert hatte, um ihm die Mitteilung davon zu machen, musste er von ihm erfahren, er lehne die Würde ab, da er gelobt habe, nie eine kirchliche Ehrenstelle anzunehmen; der von ihm raschestens konsultierte päpstliche Nuntius in München, Msgr. Pacelli, habe sein Einverständnis zur Rückweisung gegeben. Diese Weigerung wurde im Vatikan offenbar nicht sehr ernst genommen; jedenfalls figurierte Prinz Max fortan (und noch drei Jahre über seinen Tod hinaus) im Annuario Pontificio in der Liste der Hausprälaten Seiner Heiligkeit.
Prinz Max reagierte unwirsch, wenn man ihn mit «Monsignore» oder «Herr Prälat» anredete; so grundbescheiden er sonst war, er legte Wert darauf, dass im Umgang mit ihm der Titel «Königliche Hoheit» gebraucht werde, und er unterschrieb auch seiner Lebtag lang mit «Dr. Max, Herzog zu Sachsen». Als er noch Kaplan in Nürnberg war, mussten zuspätgekommene Religionsschüler den Satz «Hoheit werden entschuldigen» aufsagen, was einigen kaum über die Lippen wollte. Wenn ihm in Sachsen ehemalige Militärdienstkollegen begegneten, hatten sie vor ihm Achtungstellung anzunehmen, von seiten eines überzeugten Pazifisten eine eher kuriose Forderung, vielleicht aber ein Zeichen des Protestes gegen die Abschaffung der Monarchie, die ihm – zumindest im Fall seines geliebten Hauses Wettin – ungerechtfertigt erschien.
In einem Brief an den General der französischen Besatzungstruppen in Freiburg im Breisgau aus dem Jahre 1947, um gegen die brüske Ausquartierung seiner alten, kranken Schwägerin Maria Immakulata, Witwe seines Bruders Johann Georg, zu protestieren – sie war als Wohltäterin weit herum bekannt –, flammt sein Mut, sein Gerechtigkeitssinn und seine Friedensliebe noch einmal auf. Diese Eigenschaften hatten ihm sein Leben lang oft Schwierigkeiten eingetragen, und ein weiterer Grundzug seines Charakters – «er lässt sich nicht gerne viel sagen», hatte sein Heimatbischof schon 1898 formuliert – erleichterte ihm das Leben auch nicht.

2. Wohltäter und Bettler

Schon früh bemerkte man, dass Prinz Max persönlich ganz anspruchslos und bescheiden war, und kaum begann er als Seelsorger zu wirken, wurde seine Wohltätigkeit bekannt. Mit Beklemmung stellten königliche und kirchliche Kreise fest, dass er nicht standesgemäss lebte und sich «finanziell ausbeuten» liess. Zwar wird ihm schon in Eichstätt ein Diener verordnet, und als Universitätsprofessor verfügt er über einen Kammerdiener, der ihm die Mappe mit den Skripten und Büchern in die Vorlesungen trägt; es hält sich hartnäckig das Gerücht, der Kammerdiener habe Kniestrümpfe in den jeweils dem Kirchenjahr entsprechenden liturgischen Farben getragen; sogar von einer Pferde-Equipage ist die Rede. Eine Köchin sorgt für sein leibliches Wohl, und während der Aufregung in den Jahren 1910/11 meldet sich gelegentlich ein «Privatsekretär», der die Presse mit Communiqués versorgt. Die ersten Wohnungen sind durchaus feudal ausgestattet, und für vielfältige Abschreibearbeiten hält sich Prinz Max Hilfskräfte, etwa arme Studenten, die er sehr gut bezahlt.

Prinz Max kann offenbar keine Bitte abschlagen, und so verschenkt er einmal zunächst sich selber: Wo immer man ihn seelsorgerlich beanspruchen will, sagt er zu. Schon in London nimmt er «oft in einem Tage drei bis vier Einladungen an zu Bazars, Vereinen und dergleichen», und in den ersten zwei Jahren in Freiburg «geht er ganz auf in den Aufgaben der Seelsorge, namentlich lässt sich der Prinz vom Beichtstuhl und der Kanzel so völlig in Anspruch nehmen, dass weder Zeit noch Lust zu einer weiterblickenden Tätigkeit übrig bleibt». Aus dieser Grundeinstellung heraus lässt sich auch erklären, dass Prinz Max mit dem vielen Geld, das ihm zur Verfügung steht, sehr freigebig umgeht, sowohl für grosse Projekte wie für kleine alltägliche Angelegenheiten – für kirchliche Institutionen wie für Bedürftige, Arme und Bettler.

Der Kirche zu Walburga in Eichstätt, wo er kaum ein Jahr gewirkt hat, hinterlässt er ein grosses, vom Kölner Künstler Georg Busch geschnitztes Kruzifix.

Für die Erbauung des theologischen Konvikts Salesianum in Frei-

Prinz Max als junger Theologieprofessor.

burg leiht er im Jahre 1907 Fr. 150 000.– «zum niedrigen Zins von 3,5 %. Erst 1921 konnte das Darlehen abbezahlt werden.»

Seine besondere Zuneigung schenkt er dem von Prälat Johannes Ev. Kleiser (1845–1919) im Jahr 1898 gegründeten Kanisiuswerk und Marienheim, gleichzeitig Presseapostolat und (später) kirchlich approbierte Frauenkongregation. Der Gründer bezeugt in vielen Briefen, dass ohne Prinz Max das Werk gar nicht hätte entstehen können: «Eure Königliche Hoheit haben jedes Jahr geistig und materiell das Werk unterstützt und erhalten durch Vorträge, Exerzitien und besonders auch durch finanzielle Hilfe, ohne welche ja das Unternehmen nicht bestehen könnte... Das Marienheim ist Ihre Stiftung.» Den Kauf des Marienheims an der Reichengasse hatte er mit einem grossen Darlehen ermöglicht. In einer Notiz von 1907, die «nach meinem Tod ungeöffnet an S. Königliche Hoheit Prinz Max von Sachsen abzugeben» sei, bittet Kleiser ihn «kniefällig», sich im Falle seines plötzlichen Ablebens «der Mitglieder des Marienheims anzunehmen»; «ich vermache das geistige und materielle Haus ganz der Barmherzigkeit Sr. Königlichen Hoheit, welche besonders für das Finanzielle des Hauses sorgen möge»; es ist sein Wunsch, dass «zum Andenken daran das Marienheim auch den Namen Maximilianstift für alle Zukunft trage».

Als Prälat Kleiser 1919 stirbt, interpretiert Prinz Max – der zu jener Zeit stellenlos und dessen Zukunft wegen des Thronverzichtes seines Bruders unsicher ist – diese Zeilen so, dass er die Nachfolge Kleisers als Leiter des Kanisiuswerkes und Marienheimes antreten und somit auch das damit verbundene Kanonikat an der Liebfrauenkirche erhalten soll. Der Generalvikar von Freiburg weist dieses Ansinnen in schroffer Weise ab, zum Teil gewiss aus Kenntnis der mangelnden Organisationsfähigkeiten und Führerqualitäten des Prinzen. Dennoch bleibt dieser den Kanisiusschwestern gewogen. Dafür wird er ab 1938 in der Josephshöhe zu Bürglen unter ihrer Obhut wohnen, obwohl er ihnen längst nicht mehr finanziell helfen kann; um so eifriger betreut er sie seelsorgerlich.

Bisher ist von Darlehen die Rede gewesen. Einmal aber kaufte Prinz Max kurzerhand eine ganze Kirche. In Paris hatten 1866 die Jesuiten, die die deutsche Mission (bestehend vor allem aus «Fremdarbeitern») leiteten, die Kirche St. Joseph an der rue Lafayette 214 in neugotischem Stile erbauen lassen. Im Verlaufe antikirchlicher Massnahmen wurden zuerst die Jesuiten 1880 aus ihrer Wohnung vertrieben und dann 1903 Kirche und Umschwung vom Staat konfisziert. 1910 kaufte Prinz Max die Kirche und einen Teil des übrigen Grundbesitzes für über 250 000.– französische Franken zurück und stellte sie der deutschen Mission zur Verfügung. Im ersten Weltkrieg wurde die Kirche als deutsches Eigentum ein zweites Mal staatlich enteignet und wäre beinahe weiterverkauft worden; erst 1924 wurde sie wieder dem Besitzer zurückerstattet. Die Kirche diente fortan, im Einverständnis mit Prinz Max, sowohl den Franzosen des Quartiers wie den Luxemburgern in Paris. Prinz Max verzichtete im Testament auf alle noch verbliebenen Besitzrechte; noch heute gehört sie der Diözese Luxemburg.

Von 1907 bis 1910 wurde in Schindellegi, nahe bei Einsiedeln im Kanton Schwyz, eine Kirche in neubarockem Stil errichtet. Aus der alten Kirche in Obersaxen (Graubünden) hatte man rechtzeitig drei Altäre und eine Kanzel aus den Jahren 1741 bzw. 1747 erworben und sie nach gründlicher Restauration aufgestellt. Prinz Max übernahm die 2170.– Franken für die Kanzel und veranstaltete unter hochadligen Herrschaften und kirchlichen Würdenträgern eine Sammlung zugunsten der «Fürstenglocke»; Kaiser Wilhelm II. figuriert auf der Spenderliste mit 300 Franken, König Carol I. von Rumänien mit 350, Prinz Max selber mit 225, Papst Pius X. mit 200 Franken usw.

Für die gotische Kapelle, die an die Kirche von Cofignon bei Genf angebaut ist, stiftete Prinz Max zwei Glasfenster im Jugendstil. Links knien zwei Frauen; die eine hält die Patriarchenkrone, die andere eine päpstliche Tiara; sie stellen die Ost- und die Westkirche dar. Rechts macht der ritterliche Drachentöter St. Georg eine versöhnliche Geste. Bedeutsam sind die Inschriften, die hier in deutscher Übersetzung folgen:

«Max, Prinz von Sachsen, widmet dieses Fenster der Kirche und dem Volk von Cofignon zur Erinnerung an seinen Vater, König Georg von Sachsen, † 15. Oktober 1904, und bittet das Volk, innigst um die Einigung der Kirchen zu beten.» – «Der heilige Georg möge uns helfen, den höllischen Drachen zu besiegen; er strecke seinen Schutz aus über die beiden Kirchen des Ostens und des Westens, die ihn gleicherweise verehren, und erlange ihre Wiedervereinigung.»

In diesem Text scheint das Anliegen durch, dem Prinz Max die Hauptkräfte seines Lebens geweiht hat: die Begegnung und schliessliche Einigung der Ost- und Westkirche; zugleich zeigt sich die Anhänglichkeit an den Vater, wie Prinz Max überhaupt seiner ganzen weitläufigen Verwandtschaft immer herzlichst zugetan war; je älter er wurde, desto länger wurde sein stilles Memento mortuorum (Totengedächtnis) während der heiligen Messe.

Die meisten grossen Wohltaten des Prinzen erfolgten vor dem ersten Weltkrieg; aber noch 1930 half er dem Pfarrer von St. Marien in Biel, eine barocke Toggenburger Orgel von Wendelin Looser (1720–1790) für die Krypta anzuschaffen, ein wundervolles Werk.

All diese grossen Spenden waren nur durch zufällige Hinweise oder durch Anfragen und Archivstudien zu eruieren; die tägliche Wohltätigkeit in Freiburg hingegen ist heute noch in aller Leute Mund. Die Bettler warteten ihm an seiner Wohnung ab, als er bei Mademoiselle von der Weid an der Reichengasse wohnte, oder klopften während der Vorlesungen an die Türe seines Auditoriums in der Universität; sie klagten ihm ihr Leid im Beichtstuhl, wobei Prinz Max nachgewiesenermassen betrogen wurde (die stehende Formel war: «Ich habe Geld geliehen – oder gestohlen –, aber leider kann ich es nicht zurückzahlen», worauf Prinz Max das Geld vorstreckte bzw. schenkte); oft setzten sie das Geld in Alkohol um. Die Wirtschaft «zum Tirlibaum» am Platze Klein St. Johann hiess darum im Volksmund zeitweise «zum Prinzen Max». Als ihm ein Pfarrer deswegen Vorhalte machte, antwortete Prinz Max: «Man muss das Gute um des Guten willen tun.» Am Samstag kaufte er mit dem Zimmermädchen seiner Logisfrau Gemüse und Obst auf dem Markt ein und trug es in einem Korb in die Unterstadt, wo damals die ärmeren Leute wohnten, und verteilte es eigenhändig an Bedürftige.

Nach dem Weltkrieg kehrte er ohne Dienerschaft nach Freiburg zurück. Kein Mensch, der ihn nicht kannte, hätte hinter dem Priester in der abgeschabten Soutane, in Turnschuhen, mit Schirm bewehrt, das Brevier oder andere Bücher lesend, von einem Hund

begleitet, einen Universitätsprofessor oder gar einen Prinzen aus königlichem Hause vermutet. Eine Zeitlang floss auch nach dem Untergang des Königreiches Sachsen noch etwas Geld nach; aber von 1921 an musste Prinz Max, der bis 1912 gratis als Ordinarius doziert hatte, um ein Salär nachsuchen; und zeitweise geriet er offenbar in echte Schwierigkeiten. So schrieb er 1928 und 1929 mindestens zweimal an den Bischof von Meissen, in dessen Bistum er weiterhin inkardiniert war, er möge ihm Messstipendien schicken: «Sonst pflege ich zwar nie für Messen Stipendien zu nehmen, aber in der allerletzten Zeit hat sich das für mich nötig gemacht», und: «... möchte ich um Übersendung einer grösseren Anzahl von Stipendien, wenn möglich wenigstens im Betrag von im Ganzen 150 Mark (innert vier Tagen) an mich ersuchen, da ich notwendig so viel brauche.»
Es ist sehr wohl möglich, dass er einfach alles verschenkt hat und sich plötzlich aller Barschaft beraubt sah. Schon die pelzgefütterte Soutane, die ihm Königin Carola besorgt hatte, verschwand kurz nach der Priesterweihe; und als er schon betagt war, gab er eine neue Soutane, die ihm sein Neffe, Markgraf Friedrich Christian von Meissen, anstelle seiner abgetragenen, grünschimmernden gekauft hatte, an einen andern Priester weiter; neue Socken, die er bekommen hatte, weil jemand über seine verlöcherten Kniestrümpfe entsetzt war, verschenkte er an einen Armen, der gar keine hatte; und als jemand ihn auf einen grossen Riss in der Soutane aufmerksam machte, antwortete er: «Ach, mich schaut doch niemand an.»
Als er gezwungen war, zur Hebung der priesterlichen Würde einen klerikalen Hut mit breiter Krempe zu kaufen, liess er sich im Geschäft einen solchen geben, ohne ihn zu probieren: «Ich trage ihn sowieso nur in den Händen.»
Bei Prinz Max wusste gewiss die Linke nicht, was die Rechte tat; jedenfalls war er am Ende seines Lebens völlig mittellos, nur seine grosse Fachbibliothek und etwas religiösen Wandschmuck und Familienfotos hatte er in den zwei einfach möblierten Zimmern behalten; andere Möbel, Betten usw. hatte er oft verschenkt; er rasierte sich kniend vor einem zerbrochenen Spiegel, der auf einem Stuhl stand; er schlief zeitweise auf einer Strohmatte oder auf blossem Boden; in die Kosten für seinen Spitalaufenthalt vor

dem Tod teilten sich die Kanisiusschwestern und die St. Anna-Spitalschwestern.

3. Der umstrittene Gelehrte

Prinz Max wäre am liebsten irgendwo Pfarrer mit möglichst wenig administrativen Umtrieben geworden. Doch stand dieser Neigung eine eigentümliche Unruhe entgegen, die schon sein Onkel, König Albert, 1898 klar formulierte: Prinz Max habe in gewöhnlichen Verhältnissen immer Langeweile und wolle ständig Veränderung. Die Wünsche der königlichen Familie und die Absichten der Hierarchie, die für ihn eine «standesgemässe» kirchliche Laufbahn planten, und das Schwanken des Prinzen zwischen Seelsorge und Wissenschaft verhiessen kein ruhiges Leben. Wegen seines abgeschlossenen Jus-Studiums erliess man ihm das reguläre Philosophie-Studium im bischöflichen Lyzeum in Eichstätt; nur in den Sommerferien vor dem Eintritt betrieb er privat etwas scholastische Philosophie, und in sechs Semestern – erst noch unterbrochen von Krankheit und Erholung – war seine Theologie abgeschlossen, was für den damaligen Lernstoff und bei der hohen Begabung von Prinz Max allerdings nicht erstaunen muss. Für sein Doktorat in Würzburg hat er nachweisbar kaum zusätzliche Vorlesungen besucht und es erst vier Monate vorher ernsthaft vorzubereiten begonnen. So fiel denn das Examen kurz vor Weihnachten 1898 nur «recht gut» aus; Schell prüfte ihn besonders streng in Apologetik; die etwas hastig zusammengestellte Dissertation über den Märtyrer Apollonius von Rom erfuhr nach der Publikation 1903 von Peter Anton Kirsch (damals in Paris) eine vernichtende Kritik; andere Rezensenten waren ihm bedeutend mehr gewogen.
Inzwischen war Prinz Max (1900) an die elf Jahre zuvor gegründete Universität Freiburg berufen worden. Sein geistlicher Berater, der damals höchst einflussreiche Albert Maria Weiss OP, der schon 1893 seine Wege ins Priesterseminar geebnet hatte, war unterdessen in Freiburg Inhaber des Lehrstuhls für Staatswirtschaft und soziale Wissenschaft geworden; er hatte die Berufung

von Prinz Max veranlasst, sollte es aber bald bereuen. Er hatte ursprünglich gemeint, Prinz Max solle nur «docieren, ohne eigentlich angestellt zu sein» und sich «zugleich den deutschen Studenten widmen und deren Seelenheil», aber die Freiburger Regierung zog ein Extraordinariat vor; drei Jahre zuvor hatte die junge Universität durch den weltweit beachteten «Exodus» von acht deutschen Professoren – sie hatten sich wegen unklarer Anstellungsbedingungen und ungeschickten, wenn nicht zweideutigen Verhaltens der Regierung mit den Behörden überworfen – schlimmen Schaden erlitten und den Nachwuchs aus Deutschland fast ganz verloren; ein königlicher Prinz konnte das ramponierte Ansehen der Hochschule wieder etwas aufpolieren.

Im ersten Semester übernahm Prinz Max nur zwei Wochenstunden Liturgik und eine in Kirchenrecht. «Besonders die Liturgik macht mir viel Freude.» Aber er stürzt sich sofort in seelsorgerliche Aktivitäten, allsonntäglich die Universitätspredigt beim akademischen Gottesdienst, Beichtstuhl, Fasten- und Mai-Predigten in Freiburg und auswärts, kirchliche Anlässe (Fahnenweihen, Glockenweihen, Primizen) allüberall. So schreibt denn schon 1902 der österreichische Gesandte in Bern, Graf Montgelas, im Auftrag von P. Albert Maria Weiss dem Bischof von Eichstätt einen alarmierenden Brief: «Der Versuch, dem hohen Herren in Freiburg in der Schweiz einen entsprechenden für ihn selbst und andere wahrhaft nützlichen Wirkungskreis zu erschliessen, darf als ziemlich gescheitert betrachtet werden... Der Prinz hat es gar nicht verstanden, seine Stellung in Freiburg einzunehmen, weder im Umgange mit den Studenten noch mit seinen Kollegen im Lehrkörper... Den wichtigen principiellen Fragen, die unsere Zeit aufwühlen, steht er verständnislos, möchte ich sagen, gegenüber, nur wenn sich diese Fragen in einer concreten Person gleichsam verkörpern..., wäre seitens des Prinzen auf Verständnis und opferwilligstes Interesse zu rechnen.» Der ins Auge gefasste Ausweg hiess: Ernennung zum Kurienkardinal in Rom! Doch dort nahm man solche Auskünfte nicht gerade als ausreichende Empfehlung für den Kardinalshut, so dass diese Lösung blockiert blieb. Von anderer Seite hört man, dass er eher durch eine anfängliche priesterliche Strenge und weit über die Köpfe hinwegge-

hende Vorlesungen abschreckend gewirkt habe; doch habe er sich in der Folge bald Anerkennung verschafft. In dieser für den jungen Dozenten recht schwierigen Zeit aber eröffnete er sich in aller Stille einen Wirkungskreis, der in einer Erweiterung seines Lehrauftrags Liturgik bestand – Kirchenrecht hatte er schon nach dem ersten Semester fallengelassen –: die orientalischen Liturgien zunächst, die östliche Kirchengeschichte sodann, schliesslich fast die gesamte Wissenschaft des christlichen Orients. Er, mit seinem geradezu phänomenalen Gedächtnis (das ihn oft genug dazu verführte, sich darauf zu verlassen, statt genaue Belege beizubringen; «was ich gelesen habe, weiss ich», sagte er schon im Priesterseminar), begann in rascher Folge, östliche Sprachen zu studieren, Russisch, Kirchenslawisch, Armenisch, Syrisch; Griechisch und Hebräisch hatte er schon vorher betrieben, Lateinisch beherrschte er mündlich und schriftlich vollkommen. Die Sprachen lernte er auf unkonventionelle Weise: fürs Klassisch-Armenische liess er sich einen armenischen Priester aus Paris kommen und nahm ihn im Haushalt auf, fürs Syrische verfuhr er ebenso.
Eine Hinneigung zu den östlichen Ländern – auch bei seinem Bruder Johann Georg – mag auf die in romantischer Zeit (1815) geschlossene «Heilige Allianz» zwischen dem römisch-katholischen Kaiserhaus Österreich, dem evangelisch-lutherischen preussischen Königshaus und dem russisch-orthodoxen Zarenthron und anschliessend vielen weiteren Staaten (u. a. auch Sachsen) zurückzuführen sein; mitgespielt haben wohl auch die traditionell guten Beziehungen des Hauses Wettin mit den russischen Zaren; Alexander I. und Nikolaus I. weilten in der ersten Hälfte des 19. Jahrhunderts oft wochenlang am Königshof in Dresden; manche bekannte Russen wohnten kürzere oder längere Zeit in Sachsen; in Dresden und Leipzig stehen russisch-orthodoxe Kirchen, 1872–74 bzw. 1912/13 erbaut.
Ab 1903 reiste Prinz Max jährlich in den Orient, nahm an Ort und Stelle Kontakt mit kirchlichen Amtsträgern auf und lebte sich in die östlichen Liturgien ein; er kaufte in Buchhandlungen und Antiquariaten des Orients die einschlägigen Bücher, und auf Spezialbibliotheken liess er eine Menge von Manuskripten photographieren, von denen er später einige kritisch edieren sollte. – Die

ersten Vorlesungen über die orientalischen Liturgien hielt er ab 1904, und 1907/08 erschienen in fünf Faszikeln die Übersetzungen von fünf östlichen Messformularen ins Lateinische mit jeweils längerer Einleitung.

Prinz Max setzt sich erstaunlich rasch über «die orientalische Kirchenfrage» ins Bild, durch persönlichen Augenschein und Studium der Quellen, aber ohne genügend der bisher schon erfolgten Forschung Rechnung zu tragen. So stösst die erste grössere wissenschaftliche Publikation nach der Dissertation, die «Praelectiones de liturgiis orientalibus», teilweise auf starke Kritik. Überall wird zwar das Verdienstvolle hervorgehoben, das in der Beschäftigung mit dem Thema und dessen Vermittlung an Studenten und ein weiteres Publikum liegt; aber es mangelt Prinz Max an kritischer Prüfung der Quellen, an sorgfältigen Belegen für Behauptungen, an Vergleich mit der Forschung; der Stil ist zu blumig und langfädig; die Darstellung ist höchst leserunfreundlich: seitenlang macht er keine Abschnitte oder gar Zwischentitel, besonders in der ersten Auflage des ersten Bandes. Da es sich um (kaum überarbeitete) Vorlesungen handelt, kann man sich vorstellen, dass die Studenten – bei aller Anerkennung des umfassenden Wissens des Professors und seiner Liebe zum Thema – nicht gefesselt wurden. Und damit beginnt das Drama von Prinz Max, der von der Wichtigkeit und Dringlichkeit der Ostkirchenfrage überzeugt ist, aber ein «elend geringes» Verständnis bei den Studenten dafür vorfindet; in den letzten Jahren werden sie fast nur noch aus Mitleid kommen bzw. vom Regens des Theologenkonvikts oder von einer Studentenverbindung abkommandiert werden, damit wenigstens ein oder zwei Hörer anwesend sind.

Restlose Bewunderung verdient das Arbeitspensum von Prinz Max in seiner ersten Freiburger Periode (1900–1912): Neben aller genannter Arbeit übersetzt bzw. bearbeitet er Tausende von Seiten aus Homilien des hl. Johannes Chrysostomus, er hält an Kongressen Vorträge über ostkirchliche Liturgie und Frömmigkeit und die Lehre der orientalischen Väter; er hält Predigten und publiziert sie in mehreren Bänden; er unternimmt jährlich Forschungsreisen. So findet denn seine Arbeit auch oft wohlwollende Beachtung, denn bei all ihren Mängeln ist nicht zu übersehen, dass Prinz Max in seiner Grundeinstellung und in seinen Absichten seiner Zeit weit voraus ist; einige wenige haben das damals auch gemerkt. Es ging ihm eben nicht primär um Wissenschaft um der Wissenschaft willen; er war nicht der distanzierte Schreibtischgelehrte; ihm lag die Einheit der Christen am Herzen, und seinem unbefangenen Auge zeigten sich auf Anhieb die Schwächen und Bosheiten der Menschen, die ihr im Wege standen. Sein unbestechlicher Gerechtigkeitssinn, der ihn vorurteilslos die Meinung der «Andern» anhören liess, verhalf ihm zu einer ganz klaren Sicht der entscheidenden Probleme und zu gangbaren Wegen im Hinblick auf ihre Lösung.

Ein Artikel in der eben neu gegründeten Zeitschrift «Roma e l'Oriente», herausgegeben von der griechisch-katholischen Abtei Grottaferrata bei Rom, mit dem Thema «Einige Gedanken zur Frage der Einheit der Kirchen» zerrte Prinz Max Ende 1910 zu seiner Bestürzung ins Rampenlicht kirchlicher Verurteilung und dementsprechend internationaler Auseinandersetzung. Die Anstoss erregenden Positionen von Prinz Max sollen im 6. Kapitel skizziert werden; hier zum äusseren Ablauf nur soviel (soweit es sich aus der Korrespondenz des Prinzen Max und der Bischöfe Fritzen (Strassburg) und Schäfer (Bautzen) und den zahllosen sich teilweise widersprechenden Zeitungsberichten rekonstruieren lässt; das Vatikanische Geheimarchiv ist für den Pontifikat Pius' X. noch geschlossen): Prinz Max missgünstig gesinnte und die neue Zeitschrift scheel beurteilende Kreise in Rom schlugen sofort Alarm. So schickte der damalige Assistent der russisch-katholischen Kirche S. Lorenzo ai Monti in Rom, Cirillo Karalevskij alias Korolevsky alias Cyrille Charon (1878–1959), der auf Prinz Max gar nicht gut zu sprechen war, sofort ein Protesttelegramm an den Papst. Ein Pater des griechischen Kollegs, der mit seinem Rektor – dem mit dem Prinzen Max sympathisierenden H. Gaisser – im Streite lag, brachte den Artikel Msgr. Martini, dem Leiter der Konkurrenz-Zeitschrift «Il Bessarione». Dieser beeilte sich, das Heft dem Papst zu unterbreiten. Pius X. wollte den Sturm beschwichtigen und bat Prinz Max persönlich um eine Erklärung zuhanden des «Osservatore Romano», um den ungünstigen Eindruck seines Artikels abzuschwächen. Doch müssen die Berater den Papst umgestimmt und wohl – mitten in der Moder-

nismus-Krise – buchstäblich den Teufel an die Wand gemalt haben.
Der verantwortliche Abt von Grottaferrata, Pellegrini, wollte vermutlich Prinz Max retten und verhedderte sich in eine Erklärung, in der er sich distanzieren und die Meinung von Prinz Max als blosse Darstellung der orthodoxen Auffassung ausgeben wollte, die auch Prinz Max nicht teile. Die Polemik, die Intrigen und Demarchen überstürzten sich. So liess denn Pius X. sich dazu bewegen, Max nach Rom zu bestellen und ihn eine vorbereitete Unterwerfungs-Erklärung unterzeichnen zu lassen. Der Papst stellte zwar beim Erscheinen des bescheidenen, zutiefst erschrockenen Prinzen sofort fest, «ma questo non è pericoloso» («aber der ist nicht gefährlich»), und gewährte ihm insgesamt drei Audienzen, von denen Prinz Max später nur mit Tränen in den Augen sagen konnte: «Der Heilige Vater war so gut zu mir» – aber er liess es sich nicht nehmen, die Irrtümer in einem päpstlichen Schreiben an die Apostolischen Delegaten im christlichen Orient heftig zurückzuweisen; dieses wurde aber gegen seinen Willen im «Osservatore Romano» und ohne noch handschriftlich angebrachte Abschwächungen veröffentlicht, so dass nun erst recht die Weltöffentlichkeit alarmiert war. In diesem ganzen Vorgehen hatte die Kurie noch einmal bekräftigt, was Prinz Max in allen seinen Schriften als so fragwürdig und abstossend gekennzeichnet hatte.
Die Vorgänge, die ab Ende November 1910 ruchbar wurden und im Dezember der Spitze zutrieben, endeten schlagartig mit diesem Breve vom 26. Dezember, publiziert am 3. Januar. Prinz Max liess sich selber nie dazu verlauten, nur einige Pressecommuniqués seines Privatsekretärs A. Weinrich und ein ihm von fremder Hand unterschobener Brief waren «sein» Echo. Der Verurteilte, der naturgemäss auch den königlichen Hof in Dresden in Verlegenheit gebracht hatte, verschwand für einige Tage nach Beuron, um sich in Ruhe und Gebet zu sammeln; dann nahm er ganz unauffällig seine Vorlesungen wieder auf. Er musste – vor allem als er etwas hinter die Kulissen sah – sehr gegen die aufsteigende Bitterkeit kämpfen; so schrieb er einige Zeit nachher in einem Brief: «Bei einer andern Gesinnung (als ich sie hege) müssten sie (die Intriganten) riskieren, dass der Betreffende der Kirche

Lebewohl sagt. Das tue ich nicht. Ich werde mich dadurch zu rächen suchen, dass ich für die Kirche und das Seelenheil möglichst viel arbeiten und mich opfern werde.»
Der unmittelbare Zeitungsstreit war zu Ende, aber die Diskussion verlagerte sich nun auf Fachzeitschriften. Der verurteilte Artikel bzw. die Nummer der Zeitschrift, in der er erschienen war, musste zurückgezogen werden; dafür wurde er in Rom zu zehn- und zwanzigfachen Schwarzmarktpreisen gehandelt! Nachher wurde er in die verschiedensten Sprachen übersetzt und in nicht-katholischen, vor allem orthodoxen Zeitschriften publiziert, so in Griechenland, Russland, Rumänien.
Auch in diesem Streit war – von Korolevsky – die theologische Kompetenz des Prinzen Max in Zweifel gezogen worden. Das mag für die formalwissenschaftliche Seite in etwa stimmen, doch berührt der Vorwurf die genialen Einsichten des Prinzen nicht, die auf anderem Wege gewonnen waren; denn «man sieht nur mit dem Herzen gut», sagt der Kleine Prinz von St-Exupéry.
Übrigens hatte Prinz Max die vielfachen Kritiken doch etwas zu Herzen genommen; denn er publizierte in der Folge immerhin einige Werke, die dem argwöhnischen Auge der Fachleute besser standhielten. Die während des Krieges ausgearbeiteten Vorlesungen von 1910 über «Das christliche Hellas» sind klar aufgebaut, gut gegliedert, mit Fussnoten versehen. Die kritische Edition mehrerer Werke des armenischen Erzbischofs Nerses von Lampron (1153–1198) in vier Bänden findet in der Fachwelt wohlwollende Aufnahme. Eine reife Frucht seiner ostkirchlichen Studien ist schliesslich die kleine Schrift «Der heilige Theodor, Archimandrit von Studion» (1929); die Charakteristik, die er von diesem in der Ostkirche sehr verehrten Mönch (759–826) entwirft, trifft voll und ganz auch auf Prinz Max zu:
«Theodor steht inmitten dieser oft wenig erbaulichen Zeit als eine fleckenlose, selbstlose, hoch ideale Persönlichkeit da, ein Mann, erzogen in den besten Traditionen und von zweifelsohne hervorragender Begabung. Was ihn auszeichnet, ist vor allem die Geradheit, die ehrliche Gesinnung. Er folgt stets seiner Überzeugung, ohne nach Menschenmeinung und Menschengunst zu fragen. Er ist von einer Energie durchdrungen, die unbedingt zum Ziele gelangen will. Von Einseitigkeiten und Übertreibungen hält er

sich infolgedessen nicht frei. Man kann sehr wohl, auch vom strengst kirchlichen Standpunkt ausgehend, daran zweifeln, ob er immer richtig gehandelt hat ... Er lebte ausserordentlich einfach und genügsam, er liebte Armut und Demut und war ein eifriger Verbreiter dementsprechender Sitten ... Aber niemand stelle sich ihn als einen finsteren Fanatiker, einen blinden Eiferer vor, dem alle liebenswürdigen Eigenschaften gefehlt hätten. Derselbe Mann, der unbeugsam wie eine Eiche war, konnte zart und weich sein wie eine Mutter und besass echt menschliche Züge in seinem Wesen. In seinen Briefen zeigt er eine feine Höflichkeit, eine herzliche Anteilnahme an den Schicksalen der Mitmenschen. Auch der Sinn für das Schöne fehlt ihm nicht, trotz aller Vorliebe für 'Askese'. Er hat Verständnis für die Natur und ihre Herrlichkeiten. Ebensowenig fehlte es ihm an Kunstsinn ... Es fehlte ihm auch nicht das Verständnis für soziale Aufgaben ... Ihn hat die Vorsehung in diese Verhältnisse hineingestellt, damit sich seine Kraft unter dem Druck der Umstände um so mehr entfalte und seiner geistigen Grösse auch die Palme des Martertums nicht fehle.»

Der Ostkirchenfrage blieb er trotz der Verurteilung treu: in Vorlesungen (die er unermüdlich umarbeitete) und Artikeln, nun mehr und mehr in populären Zeitschriften, verbreitete er sein Gedankengut bis in die USA; er arbeitete sich in die Thematik der Religionen des Fernen Ostens ein (Indien, China, Japan), dann auch des Anglikanismus und des Altkatholizismus, für die er ursprünglich wenig Interesse gezeigt hatte, es sei denn in rein apologetischem Sinn.

Der weitsichtige Metropolit Graf Scheptytzkyj in Lemberg beliess ihn auch nach der Verurteilung als Gastprofessor an seinem Generalseminar in Lemberg, wo ihm die orientalischen Liturgien anvertraut waren (1910–1914). Die wenigen Studenten, die er in Freiburg nach 1921 noch hatte, waren verblüfft über die Leichtigkeit, mit der Prinz Max aus fremdsprachigen Büchern – griechisch, russisch, englisch usw. – direkt auf deutsch vorlas; viele längere Texte, vor allem liturgische, konnte er in den entsprechenden Sprachen auswendig rezitieren; am Chorgebet orientalisch-unierter Mönche nahm er aktiv teil. Wer etwas Geduld für den seltsamen Vortrag des Dozenten aufbrachte, konnte sich grosse Kenntnisse der Literatur und Geschichte Russlands und anderer östlicher Länder erwerben.

4. Gehorsam und Freiheit

Es dürfte deutlich geworden sein, dass Prinz Max schon früh einen unbändigen Drang nach Freiheit besass, diese Tendenz aber nie überspannte und es nie zum Bruch kommen liess; immer wieder lenkte er ein. Seine ganze Erziehung war auf Pflichterfüllung, Menschenfreundlichkeit, Selbstzucht, Einordnung in vorgegebene Strukturen ausgerichtet; weder als Student noch als Offizier oder Seminarist übertrat er je die Vorschriften und Normen des jeweiligen Standes. Als Student interessierte er sich für soziale Fragen, als Offizier war er bei Kameraden und Untergebenen sehr beliebt, als Seminarist hielt er «die Tagesordnung streng musterhaft ein», wie sich ein Seminarkollege später erinnerte.
Gleichzeitig war er sehr eigenwillig und manchmal sprunghaft in seinen Entscheidungen. Sein Studium, das zu keinen Problemen Anlass gab, und seine Gesundheit, die zart und anfällig war, wurden sorgfältig überwacht; er selber war hier viel sorgloser und angstfrei. Im Hinblick auf die Primiz und die erste Seelsorgetätigkeit offenbarte sich sein «schwieriger Charakter», wie ihn sein Onkel, der Vater, die Bischöfe von Eichstätt und in Sachsen empfanden. Zwar nannten sie ihn zu Hause einen «guten Jungen», aber der Apostolische Administrator L. Wahl musste ihm einmal sein «unanständiges (gemeint ist 'unbotmässiges') Verhalten» verweisen. Auf tadelnde oder fordernde Briefe dieser Zeit pflegte er durchaus nicht postwendend zu antworten und liess die Absender manchmal ungeduldig zappeln; im persönlichen Gespräch aber legten sich alle Missverständnisse regelmässig: Prinz Max war stets von den besten Absichten erfüllt und ruhig vorgetragenen Argumenten durchaus zugänglich.
Als er in den zwanziger Jahren begann, auf Vorträgen in Deutschland Friedens- und Lebensreformfragen zu behandeln, geriet er wiederum in Schwierigkeiten mit seiner Familie. Sein Bruder, der seit der Abdankung als König im Schloss Sibyllenort in Schlesien

wohnte, bekam Reklamationen von vaterländischer und kirchlicher Seite. Nachdem eine Aussprache mit Prinz Max offenbar wenig Frucht gezeitigt hatte, steckte er die Angelegenheit hinter den Bischof von Meissen, Christian Schreiber, für den sich zwei Zuschriften (eines Kardinal-Fürstbischofs, wohl von Breslau, und des «Sächsischen Militär-Vereins-Bundes») zu Mitteilungen «von hochstehenden, ernst denkenden Herren, Priestern und Laien, Katholiken und Protestanten» ausweiteten, mit denen er Prinz Max Eindruck machen wollte. Prinz Max versprach völligen Verzicht auf solche Vorträge in Sachsen, Zurückhaltung bei Friedensvorträgen im übrigen Deutschland, erbat sich aber die Erlaubnis, einige bereits versprochene noch halten zu dürfen, besonders aber in Lebensreform-Fragen ungehindert weiter wirken zu können: «Würde man mir das nehmen, so würde mir geradezu ein Lebenselement zerstört. Auf eigentlich religiösem Gebiet habe ich leider Gottes eine so geringe Wirksamkeit. Etwas muss der Mensch doch haben, um seine Kräfte zu gebrauchen und zu entfalten. Missverständnisse und Bekämpfung von so vielen Seiten muss Einen mit der Zeit in eine trübe Stimmung hineintreiben.» Auch hier bot Prinz Max eine persönliche Aussprache an.
Nach dem ersten Weltkrieg baute Prinz Max zunehmend alle persönlichen Vergünstigungen ab; er entliess seine Diener, die Köchin usw. und stellte ihnen eine lebenslängliche Pension aus oder verschaffte ihnen eine Freiwohnung im Taschenbergpalais in Dresden, wo er dann bei seinen späteren Besuchen selber Unterkunft suchte und in einem bescheidenen Zimmerchen in einem Eisenbett schlief. Er enäusserte sich mehr und mehr der persönlichen Habe, lebte als Abstinent und Vegetarier denkbar einfach; sein Äusseres vernachlässigte er mehr und mehr. Dennoch bleiben die Widersprüche, wie sie in seinem Beharren auf königlichen Titeln sichtbar werden. Er, der sich jahrzehntelang für den Frieden einsetzte, konnte beim Anblick exerzierender Schweizer Rekruten sagen: «Tut ihnen gut, den Kerlen»; kirchliche Ehren waren ihm ein Greuel, aber Prinz war er von Geblüt; er trug eine schmutzstrotzende Soutane, nahm aber zweimal wöchentlich ein Vollbad; er merkte es ganz genau, wenn andere an seinem Aufzug Anstoss nahmen.

Das Schlafzimmer in der letzten Wohnung in Bürglen; die Türe links führte ins Studierzimmer.

Die gelegentlichen Spannungen mit Angehörigen, die im übrigen die schrulligen Reaktionen von Prinz Max meist von der humoristischen Seite nahmen, sind im Kontext einer im Grunde tiefen Verbundenheit zu sehen. Er nahm an allen Familienereignissen teil, segnete Ehen ein, taufte Kinder, sprach in Trauergottesdiensten, schrieb tröstende Briefe voll herzlicher Anteilnahme. Er hatte wiederholt Besuche – sie sind vor allem aus der Zeit seines Wohnsitzes in Bürglen bekannt, weil sich die Schwestern noch daran erinnern – etwa der Kaiserin Zita und anderer Mitglieder des Hauses Habsburg, seines Neffen, Markgraf Friedrich Chri-

stian von Meissen, dessen Ehefrau und ihrer Kinder, die nach dem zweiten Weltkrieg zu Erholungs- oder Ausbildungszwecken z. T. in der Schweiz wohnten. Er empfing in Bürglen in den karg ausgestatteten Zimmern auch Studenten zu Semester-Prüfungen und setzte ihnen regelmässig die beste Note, auch wenn sie wenig wussten. Suchten ihn Fremde auf, so reagierte er zunächst abwehrend: «Wer kann mich denn schon besuchen wollen?», wurde dann aber rasch herzlich und offenbarte tiefste Menschenkenntnis. Die Schwestern, denen er die hl. Messe las und häufig Vorträge hielt, schaute er kaum an; sie hatten den Eindruck, er nehme sie nicht wahr; als aber einmal die Mutter einer Schwester erkrankte, erkundigte er sich teilnahmsvoll bei ihr. Ein Messdiener aus Basel erinnert sich noch heute, wie der königliche Prinz ihn immer namentlich gegrüsst hat.
Weit bedeutungsvoller als die gelegentlichen Spannungen im Rahmen der theologischen Ausbildung und der späteren Familienbeziehungen ist das Verhältnis von Gehorsam (oder Bindung, Tradition, Ordnung) und Freiheit in bezug auf die Weltkirche. Die Umstände brachten es mit sich, dass er in Konflikt mit dem kirchlichen Lehramt geriet. Er schlitterte, wie immer, völlig arglos hinein. Er hatte seine Überzeugung schon seit Jahren Urbi et orbi verkündet, aber offenbar waren seine Thesen noch nicht nach Rom gedrungen. Seine Bücher hatten alle das bischöfliche Imprimatur erhalten, seine Referate hatte er an höchst kirchenoffiziellen Anlässen vorgetragen, aber erst der Artikel in «Roma e l'Oriente», auf französisch geschrieben, vor den Toren Roms gedruckt, war die Lunte am Pulverfass; denn offenbar muss es schon längere Zeit Leute gegeben haben, die den ostkirchlichen Ideen von Prinz Max nicht gewogen waren – was auch umgekehrt gilt: Prinz Max hatte in einer Fussnote (in der Antwort auf Seraphim Lades Kritik an seinem Buch «Die orientalische Kirchenfrage») sich deutlich von Cyrille Charon/Korolevsky distanziert, was ihm dieser mit seinem eiligen Protesttelegramm an den Papst zurückzahlte. Prinz Max fiel aus allen Wolken, als sich das Unheil in Form der Verurteilung durch Pius X. über seinem Haupt zusammenbraute, und erklärte spontan, er nehme alles zurück, was der Lehre der katholischen Kirche widerspreche – aber er hat nie, soweit wir heute sehen, explizit formulierte Sätze widerrufen!

Ihm nahestehende Verwandte sind überzeugt, dass er sich im Rechte fühlte, und aus der Korrespondenz und Gesprächsprotokollen geht dies deutlich hervor. Es ist, wenigstens vorläufig noch, unbekannt, welche Kreise auf ihn Druck ausgeübt haben, um ihn zum Einlenken zu bewegen – Papst Pius X. hatte vor der Möglichkeit gezittert, Max könnte renitent bleiben –, doch ist anzunehmen, dass Prinz Max, erschrocken über den Skandal, so rasch wie möglich in einer Unscheinbarkeit versinken wollte, in der er fortan bewusst verharrte. Im übrigen wäre es ihm kaum eingefallen, gegenüber der rechtmässigen Obrigkeit offen zu rebellieren. Seine extreme Zurückhaltung in jenen Tagen, seine Sammlung im Gebet in Rom, als er mehrmals vorgeladen wurde, und nachher im Benediktinerkloster Beuron bezeugen, dass er die ganze Affäre auch im übernatürlichen Lichte sah. Er konnte wohl warten, bis die Vorsehung der Wahrheit Raum schaffte. Seine stehende Wendung in den Briefen war: «Gott wird es schon recht fügen» (oder ähnlich). 1943 resümierte er die ganze Geschichte von 1910 als eine «Aufregung», die ob seines Artikels «entstand».
Und im Testament vom 29. März 1948 schreibt er u. a.: «Ich vermache der russisch-orthodoxen Kirche in Genf die grosse Menge russischer oder Russland betreffender Bücher, ausserdem diejenigen byzantinischen Kirchenbücher, die kirchenslawischer Sprache sind, endlich auch meine sämtlichen, zahlreichen religiösen Bilder byzantinischen Charakters (namentlich die in meinem Schlafzimmer befindlichen Darstellungen der 12 Monate). Was dagegen in dem grossen Bücherschrank sich befindet, so weit es in griechischer Sprache abgefasst ist, das alles vermache ich der griechisch-orthodoxen Kirche in Lausanne. Durch diese beiden Zuwendungen möchte ich meiner Sympathie für die orthodoxe Kirche Ausdruck verleihen.»
Auf dogmatischem und kirchengeschichtlichem Gebiet gab Prinz Max nach 1910 kaum mehr Anlass zu Beanstandungen; einige Zeitschriften fühlten sich gelegentlich bemüssigt, seinen Artikeln absichernde Fussnoten beizugeben; die «elend wenigen» Studenten in Freiburg haben ihn nicht denunziert. Immer mehr nahmen ihn auch Fragen wie Frieden und Lebensreform in Beschlag, denen er sich mit der gleichen Hingabe widmete wie vorher ostkirchlichen, ohne dass er übrigens diese in Studium, Lehre und

Publikationen vernachlässigt hätte. Mit Themen wie «Theologische Rechtfertigung des Vegetarismus» erregte er zwar den Unmut des Freiburger Generalvikars, der ihm barsch die Druckerlaubnis verweigerte, und mit dem Plan der Publikation einer von ihm angefertigten Übersetzung des Neuen Testamentes (leider ist das Manuskript verschollen) brachte er gleich mehrere Bischöfe, die er um Empfehlung oder Imprimatur anging, in Verlegenheit; aber alle Zurückweisungen steckte er stillschweigend ein.

Was in seinem Inneren vorging, wissen wir nicht. Er schrieb darüber nicht, soweit unsere Kenntnis des Briefwechsels reicht, und eigentliche Freunde oder Vertraute hatte er nicht; er war im Grunde ein einsamer Mensch. Ihm war es aufgetragen, Wahrheiten – oder besser: Ideale und Ideen – zu verkünden, für die die Zeit nicht reif war; und weil er mit der schriftlichen Verkündigung so oft Anstoss erregte – in Predigten allerdings ebensooft und noch mehr Bewunderung und Hochachtung hervorrief –, verinnerlichte er seine Sendung immer tiefer und wurde so mehr und mehr zum Zeichen des Widerspruchs, für das vor allem die Kleinen im Reiche Gottes Verständnis aufbrachten.

5. Der weise Narr

Die Sendung des Prinzen Max von Sachsen ist zweifach: Arbeit, Gebet und Opfer für die Einheit der Ost- und Westkirche einerseits und Einsatz für Frieden und Lebensreform anderseits. Bei aller Unruhe der ständigen Ortsveränderungen – er wechselte auch in Freiburg alle paar Jahre die Wohnung, bis er sich endlich, 68jährig, zur Bleibe entschloss, ganz abgesehen von den vielen Studien- und Vortragsreisen und den unzählbaren Kurzaufenthalten zwischen 1914 und 1921 –, und bei aller verzettelten Arbeitsweise zwischen Kanzel, Beichtstuhl, Hörsaal und Vortragspult zeichnet sich in seinem Leben eine zunächst verborgene, dann immer deutlicher werdende Konstanz ab. Am Anfang äusserte sie sich in den Formen traditioneller Priesterausbildung des 19. Jahrhunderts: Bekehrung von Protestanten, Anglikanern,

Hindus; und bei seinem liebenswürdigen Umgang, seiner Lauterkeit, seinem Eifer vermeinte er überall rasch Früchte reifen zu sehen. Dann lernte er ostkirchliche «Häretiker» und «Schismatiker» dank eingehenden Quellenstudien und in persönlichen Begegnungen sehr genau kennen, und es bestärkte sich in ihm die Überzeugung, dass sie im Grunde gar nicht Irrgläubige waren; er sah die Fehler auf beiden Seiten beim Vorgang der Trennung und im Verharren darin.

Gerade in der Ostkirche konnte ihm ein stets vorhandener aszetischer Zug nicht verborgen bleiben; er kam seinen früh geübten Haltungen und Überzeugungen entgegen. Der Entschluss zur Abstinenz vom Alkohol und dann vom Fleischgenuss reifte noch in der Periode der intensiven Auseinandersetzung mit der Ostkirchenfrage. Die Erfahrung des ersten Weltkrieges, an dessen Beginn er fast ein Jahr als Feldgeistlicher teilnahm, rückte das Friedensproblem ins Zentrum seiner Aufmerksamkeit, und er sah einen Zusammenhang zwischen dem Einklang des Menschen mit der ganzen Schöpfung (Tiere, Pflanzen, die ganze «Umwelt», wie wir heute sagen würden) und der Eintracht der Menschen untereinander. Da er kirchenamtlich von jedem Einfluss auf die Ostkirchenfrage abgeblockt war (er konnte nicht wissen, dass seine Ideen unter Benedikt XV. in aller Stille wieder zum Tragen kamen, und er begriff wohl auch nicht die hintergründige Bedeutung der Ernennung zum päpstlichen Hausprälaten, die dieser Papst sicher als eine Art von Wiedergutmachung verstand), und da er an der Universität für sein Anliegen ein so geringes Echo fand, verlegte er sich mehr und mehr auf die Friedens- und Lebensreform-Problematik. Er trat wieder vor einem interessierten Publikum auf, fand Widerhall, konnte nach Belieben publizieren – und er tat es in den entlegensten Blättchen, wo immer man ihn darum bat. Der zweite Weltkrieg überraschte ihn gar nicht. Mit politischem und geistlichem Spürsinn hatte er die Zeitlage und besonders das Phänomen Hitler und Mussolini eingeschätzt, wie er schon 1913 eine klarsichtige Analyse in bezug auf die Balkanfrage abgegeben hatte. Aber der Verlauf und die Folgen des Krieges bedrückten ihn tief; dank seiner Herkunft und Verwandtschaft war er damit ganz anders verquickt als sonst ein in der Friedensinsel Schweiz lebender Mensch.

Seit den zwanziger Jahren verlegt er sich mehr und mehr auf das gelebte Beispiel. Er steigt zwar immer noch auf die Kanzel, ergreift immer noch die Feder, hält bis zur Erschöpfung Vorlesungen, schleppt Bücher von der Bibliothek nach Hause, und seine schlichten Gedankengänge – beschwörend, ermunternd, ermahnend – enthalten nach wie vor viel Bedenkenswertes; was sich aber seinen Zuhörern und allen, die ihm begegnen, unauslöschlich einprägt, ist die äussere Erscheinung und die fugenlos damit verbundene innere Haltung: wie er durch die Strassen schlurft, die Habsburger Unterlippe mächtig vorgeschoben, Bücher lesend oder betend, von der Hündin Netti oder Nettili begleitet (bis in den Vorlesungssaal, aber nicht bis ins Beichtzimmer!). Er hatte das alte Tier, das abgetan werden sollte, von Freunden erbettelt und noch jahrelang – vegetarisch! – aufgepäppelt; ob die Kanisiusschwestern dem armen Hund im verborgenen Fleisch dreingaben, ist nicht überliefert, aber auch nicht auszuschliessen. Wenn Netti beim Gang über den Markt den Metzgerständen nachschlich oder sich gar mit einem Hund einliess, hatte sie vom sonst so friedfertigen Prinzen Max Vorwürfe zu gewärtigen: «Pfui, Netti, so etwas macht man nicht!» Ein Flohmittel, das er in der Apotheke kaufte, sollte die Parasiten nur betäuben, aber nicht töten, und mehrfach erzählte er in Vorlesungen und Vorträgen von seinen Rettungsaktionen zugunsten von Insekten, die ins Waschbecken fielen; er setzte sie auf ein Löschblatt, bis sie trokken waren und wieder fortfliegen konnten.

Weil Prinz Max laufend verschenkte, was er besass, trug er oft nur das Nötigste auf dem Leib, und häufig mangelten ihm die Ersatzstücke. Als er einmal nach München ins Kloster St. Bonifaz kam und wegen starker Erkältung sofort ins Spital eingeliefert werden musste, baten die Krankenschwestern im Kloster um ein Hemd und Unterwäsche, er hatte weder das eine noch das andere für einige Tage bei sich. Er ging entweder in zerlöcherten oder immer neu gestopften schwarzen Wollstrümpfen und Segeltuch-Turnschuhen herum, die bei Regenwetter und Schnee ungenügend abdichteten. Das Brevier hatte er stets bei sich, er las es auf der Strasse oder auf Ausflügen im Boot (wie vom Sarnersee erzählt wird); von Wanderungen kam er oft barfuss zurück, die Schuhe – die er ausnahmsweise doch anzog – in den Händen, um sie zu

Prinz Max mit seinem Hund Netti.

schonen; das passt zur Überlieferung, wonach er in Schlehdorf/ Bayern um 1918/19 frühmorgens barfuss zur Kirche anmarschiert kam und erst vor der hl. Messe die Schuhe anzog. Der Priesterrock war mehr als unansehnlich; kam Prinz Max zu Kaiserin Zita in die Ferien, musste die Soutane am ersten Abend gewaschen und desinfiziert werden, um am nächsten Morgen wieder parat zu sein; Ersatz hatte er nicht bei sich.
Wurde er zu einem grossen Essen geladen, so konnte er durchaus annehmen, verschwand aber nach der Suppe mit freundlichen

Wünschen an alle Teilnehmer; und als zu seinem 75. Geburtstag einige Verwandte zum Mittagessen bei ihm in Bürglen erschienen waren, erhob er sich noch vor dem Ende der Mahlzeit und verabschiedete sich höflich, er müsse nun an die Universität zur Vorlesung; er hatte eine Stunde Fussmarsch einzukalkulieren und las dann von mittags zwei bis drei Uhr, zu einer Zeit, wo bisweilen nicht nur die Studenten, sondern auch Netti und Prinz Max einschliefen. Mischten die Schwestern, Verwandte oder Freunde gelegentlich Fleisch oder Eier in die Speisen, so liess Prinz Max nie durchblicken, ob er den Betrug gemerkt hatte; nur einmal wurde er bei einem sehr gelb leuchtenden Kuchen misstrauisch, worauf die Schwester ausweichend mit dem Kinderspruch antwortete: «Hoheit, Safran macht den Kuchen gehl.»

An der Fronleichnamsprozession ging er, den Priesterhut in der Hand, andächtig den Rosenkranz betend oder über die Nationalsozialisten schimpfend mit. Die Messe zelebrierte er mit ergreifender Andacht; den Schwestern las er, als die Messe noch ganz lateinisch war, Epistel und Evangelium immer deutsch vor, direkt aus dem lateinischen Missale übersetzt, Andachtsübungen für die Schwesterngemeinschaft hielt er mit Inbrunst und Eindringlichkeit. Vor der täglichen heiligen Messe pflegte er zwei Stunden zu beten und zu meditieren, bei schönem Wetter im nahen Wäldchen. Sein einfaches Alltagsbrevier ist ganz zerlesen, eine schöne, grössere, aber auch schwerere Ausgabe blieb unangetastet. Mit Pietät hat er das Messbuch aufbewahrt, das ihm seine Eltern zur hl. Firmung schenkten, und er stopfte alle Gebetbücher voll mit Erstkommunion-, Firm-, Primiz- und Trauer-Bildchen. Predigten und Vorlesungen trug er immer in getragenem Tone, höchst feierlich vor, und ähnlich sprach er auch im normalen Umgang. Vielen seiner Zuhörer ist dieser Tonfall noch in den Ohren, und er wurde mit den Anekdoten zusammen überliefert. Prinz Max war in jeder Beziehung unalltäglich, in seinen Reaktionen unberechenbar.

Der Schlüssel, diese widersprüchliche Persönlichkeit einigermassen zu verstehen, liegt in der Ostkirche. Prinz Max hatte sie vor allem in ihrem liturgischen und monastischen Leben kennen- und liebengelernt; die grossen Persönlichkeiten – die Kirchenväter, die Dichter, die Aszeten – zogen ihn an; er las ihre Werke im

Urtext, übersetzte sie, würzte damit seine Vorträge und Publikationen, und in mancher Hinsicht fand er eine Konvergenz zwischen ihrem Lebensstil und den Zielen der Lebensreformbewegung. Schliesslich identifizierte er sich immer mehr mit ein paar Grundfiguren byzantinischer Frömmigkeit: mit dem christlichen Prinzen, dem Mönch, dem Starzen, dem Pilger, dem Narr in Christo. Es handelt sich eigentlich um Modelle von Heiligkeit, wie sie sich v. a. im russischen Raum ausgebildet haben.

Die Russen verehren in den heiligen Prinzen von Kiew Boris und Gleb (Beginn des 11. Jahrhunderts) jene religiöse Elite, die ihnen den christlichen Glauben von Byzanz her vermittelt und vorgelebt hat; nicht ihr Verdienst, sondern die Gnade Gottes hatte sie von Grausamkeit und Sinnlichkeit weggeführt und zu Vorbildern gemacht, nicht so sehr um ihrer persönlichen Heiligung willen als vielmehr zugunsten des ganzen Volkes; Nächstenliebe, Zärtlichkeit für die Armen und Demut zeichnen sie aus; der sanfte und demütige Christus ist ihr Ideal.

Auch das russische Mönchtum beginnt in Kiew, im Höhlenkloster, «unter Fasten und Tränen», wie es in der Chronik heisst. Sehr bald wird dort der Dienst an der Kirche und an der Gesellschaft wichtiger als die überstrenge Aszese zur «Selbstheiligung». Ihre Zucht zeichnet sich aus durch Weisheit und Mass; nicht übermässige Kasteiung führt zum Ziel, sondern Fasten, Enthaltsamkeit, Arbeit bringen Mass und Richtung ins Leben; wichtig ist nicht die Unterjochung der Leiber, sondern die Reinheit von Herz und Geist.

Eine besondere Gruppe von Mönchen sind die Starzen. Ein Starez («Alter») ist ein Mönch, der nach langer Vorbereitung zum geistlichen Ratgeber für Mönche, Priester und Laien wird; sie haben besonders im 19. Jahrhundert einen ungeheuren Einfluss. Die grossen Starzen zeichnen sich durch ihre unendliche Liebe zu allen Menschen aus, durch ihre Fähigkeit, sich ganz in sie hineinzuversetzen, ihre Probleme zu erraten, ihnen Gottes Verzeihung zu vermitteln und sie auf neue Wege zu führen. Voraussetzung ist völlige Selbstlosigkeit, ein inniges Verhältnis zu Gott, ein fügsames Herz, um auf die Stimme Gottes zu hören.

Prinz Max, im wörtlichen und übertragenen Sinn immer unterwegs, ist auch ein Pilger. Zwar hat er, ausser nach Einsiedeln und

Lourdes sowie Tschenstochau auf einer der ersten Reisen in den Osten, kaum eigentliche Wallfahrten gemacht. Aber seine Reisen kreuz und quer durch Europa, in den Balkan, nach Russland, nach Vorderasien und Ägypten, sein Wohnen nahe der Wallfahrtskapelle Unserer Lieben Frau von Bürglen in den letzten dreizehn Jahren, sein täglicher einstündiger Fussmarsch zur Universität, sein häufiges sonstiges Wandern in Gebet und Versenkung lassen ihn sehr wohl mit einem Pilger im russischen Sinn vergleichen.

Der heilige Narr ist uns im Westen am fremdesten, obwohl auch Franz von Assisi in diese Kategorie gehört. Das Narrentum in Christo beruft sich auf die «Torheit des Kreuzes», die den Weisen verborgen bleibt; wer in die Kreuzesnachfolge tritt, wird in den Augen der Welt immer närrisch bleiben. Exemplarisch vorgelebt und auf die Spitze getrieben wird es von wenigen einzelnen, die «als Mahner, Rufer, Warner, Ankläger im Narrenkleide des zerlumpten Bettelmönches vor dem hybriserregten Hochmut» der Herrschenden (in Welt und – warum auch nicht – in Kirche) auftreten. Sie sind «'vom Geist getragene', von Gottes- und wahrer Nächstenliebe in ihren Herzen 'Trunkene', ... die den 'Kindern der Welt' ... in ihrer hintergründigen Unvernunft, in einem wahrhaft surrealen Gehabe als im Geiste 'verrückt' erscheinen, je mehr sie sich dem Irdisch-Unmittelbaren 'entrückt' erweisen, Ziel von absichtlich auf sich gelenktem Spott und Hohn, ja roher Gewaltangriffe werden, ehe – langsam und selten genug – die aus ihnen leuchtende laetitia spiritualis (geistliche Fröhlichkeit) in der Umwelt nach Abscheu und Kopfschütteln endlich doch wenigstens bei einzelnen die heilsnotwendige Metanoia – Conversio – 'Umkehr aus Einsicht' zu bewirken vermag» (L. Kretzenbacher).

Dieses Narrentum in Christo mag auf naturgegebenen oder milieubedingten Eigenschaften aufbauen; und das trifft auch bei Prinz Max zu. Seine Unfähigkeit, sich ordentlich zu kleiden, sauber zu schreiben, mit dem Geld umzugehen, hat auch damit zu tun, dass er von der Erziehung her gewohnt war, ständig Dienerschaft um sich zu haben, dass er ohne sie aber – bei seiner unpraktischen, lebensuntüchtigen Art – rasch hilflos wurde; und seltsam kontrastieren gewisse schon früh auftretende greisenhafte Eigen-

heiten (geknickte Haltung, schlurfender Gang, triefende Lippen und Nase) mit einer erstaunlich jugendlichen Geisteshaltung, die gerade junge Leute an ihm feststellten. Ebenso waren seine Briefe inhaltlich völlig «normal», klar, knapp, sachlich, menschlich; nur die fast unleserliche Handschrift sieht so aus, als wäre sie gar nicht zum Lesen bestimmt gewesen. Das Narrentum ist Gnadengabe, die einem geschenkt wird, die man nicht an sich reisst. Die Verrücktheit ist vorgetäuscht, nicht psychiatrisch zu diagnostizieren. Sie weist von sich weg auf Christus hin. Sie ist ein Deckmantel der Demut. Der Narr in Christo fühlt sich zu den Randfiguren der Gesellschaft hingezogen (Prinz Max betreute jahrzehntelang u. a. die Gefangenen in Freiburg). Er sagt die ihm aufgetragene Wahrheit in aller Unverblümtheit, nicht nur im Wort, mehr noch durch sein Verhalten. Ihm eignet das Charisma der Klarsicht, der Unterscheidung der Geister, ja oftmals die Gabe der Prophetie. «Den echten Toren umwittert ein Glanz von unbewusster, ungewollter Heiligkeit. Er ist der ungeschützte, der nach oben offene, seinshaft transzendierende Mensch ... Da er nie ganz 'bei Sinnen' und 'bei sich' ist, fehlt ihm das Schwergewicht, das ihn nieder zur Erde fesselt. Er steht dem Heiligen am nächsten, näher oft als der seine Vollkommenheit pflegende, moralisch geglückte Mensch. Die Russen wussten, dass der Narr Gott gehört, seinen eigenen Engel hat, ehrwürdig ist» (Hans Urs von Balthasar).
Was aber ist genau die Botschaft, die zu verkünden Prinz Max gesandt war, auf dass in den Menschen, in der Menschheit Umkehr erfolge?

6. Der unzeitgemässe Prophet

Wir werden sehen, dass bei Prinz Max die zwei Hauptthemen seines Lebens fugenlos ineinander übergreifen: die Ostkirche auf der einen Seite, die Schöpfungs-Ethik und die Friedensfrage auf der andern; es handelt sich nicht um wechselnde Interessen, sondern um Schwerpunkte innerhalb einer christozentrischen Frömmigkeit von kosmischer Weite mit stark sozialem Einschlag.
Mit seinen in heller Entdeckerfreude geäusserten Meinungen zu

den Kirchen des Ostens geriet er rasch in Widerspruch zur vatikanischen Kurie, die unter Pius X. eine von vielen persönlichen und dynastischen Rücksichten diktierte Ostkirchen-Politik trieb und der frömmigkeitsgeschichtliche Überlegungen völlig fremd blieben.
Schon in der Einleitung zum ersten Vortrag über ostkirchliche Themen (Marienverehrung in der griechischen Liturgie, gehalten am Marianischen Kongress in Freiburg 1902) hält er kurz und bündig fest: «Ich beschränke mich auf die offiziellen Gebete, die öffentliche Liturgie der griechischen Kirche. Gerade dort zeigt es sich, dass die eigentlich liturgische Verehrung der Gottesmutter im Morgenland viel stärker ist als im Abendland, während bei uns die private weitaus überwiegt.» Ganz klar hebt er den hymnischen Charakter der Liturgie und des Stundengebets der griechischen Kirche und ihren dogmatischen Gehalt hervor. Allfällige Bedenken, die sich in dieser Hochpreisung der Gottesmutter erheben, zerstreut Prinz Max mit der Bemerkung, dass man nicht über isolierte Stellen urteilen dürfe, man müsse das Ganze im Auge behalten. Dann plädiert er für eine weite Sicht der Katholizität: «Wir dürfen uns ganz gewiss nicht das Reich Gottes zu klein machen und dasselbe uns nicht beschränkt denken auf die Grenzpfähle der römischen Liturgie.» Die anschliessenden Ausfälle gegen den Protestantismus zeigen noch die Eierschalen seiner theologischen Ausbildung, die an ihm kleben; er wird sie später abstreifen, aber nie zu jenem Ökumenismus mit den Protestanten finden, den dann sein Neffe, Pater Georg von Sachsen S.J., vollendet vorgelebt hat. Der Vortrag schliesst mit dem Appell, die orientalischen Liturgien ernsthaft zu studieren, nach Gemeinsamkeiten zu suchen, nicht alte Streitereien aufzuwärmen, «an welchen gewiss beide Teile, auch wir, ihre Schuld trugen», denn «wenn man bloss sich hinstellt und sagt, ihr seid Irrgläubige und ihr müsst zu uns zurückkehren und wir sind die wahre Kirche, so dürfte man nach menschlichem Ermessen lange warten, bis sie zurückkehren». Hier klingen die Grundakkorde an, die Prinz Max fortan variieren wird.
Ein erstes Mal meldet er sich zum Thema «Die orientalische Kirchenfrage» 1905 mit einem Artikel an; ihr wird er dann die öffentlichen Vorlesungen des Sommersemesters 1906 widmen, als

Buch erschienen 1907. Darin beginnt er mit einem persönlichen Bekenntnis: «Ich bemerke sogleich, dass ich von meiner Seite in diese Vorlesung mein ganzes Herz und meine ganze Seele hineinlege.» In konkreten Fragen wird er dann sehr deutlich: «Wenn man einfach die Orientalen unter einen römischen Kardinal stellen will, der sie nach gewissen Kurialregeln regiert, wenn man gar den Patriarchen von Konstantinopel einer römischen Kongregation unterstellen will, so wird man die Orientalen nie haben und in alle Ewigkeit nicht.» Störend wirkt sich auch die Propagierung westlicher Andachtsformen im Orient aus, «zum Beispiel die Statue der Muttergottes von Lourdes und solche Dinge». Ganz klar ist, «dass in dem Primat des römischen Stuhles eine nicht geringe Schwierigkeit für die Orientalen gelegen ist». Für die Griechen beschränkte sich im ersten Jahrtausend die Vorstellung vom Primat «ungefähr auf folgendes: (1) Man wusste, dass ein ökumenisches Konzil nur rechtmässig sei, wenn die päpstlichen Delegaten präsidierten. (2) Man wusste fernerhin, dass man mit Rom im Glauben übereinstimmen müsse und dass dieses der höchste Wächter der Reinheit des Glaubens sei. (3) Endlich wusste man noch, dass man sich in ganz ausserordentlichen Fällen dorthin um Hilfe wenden könne.» Manche weitere Unterscheidungspunkte seien eher geringfügiger Art, so das «filioque», und wie der Riss zwischen den Kirchen letztlich «nur durch Feindseligkeit gebildet worden ist, so wird er auch nur durch Liebe geschlossen und geheilt werden».

Dieses Buch wurde trotz gewagter Äusserungen nicht etwa von katholischer, sondern von orthodoxer Seite angegriffen. Ein ehemaliger lutherischer Sachse, Albert Lade, der unter dem Namen Seraphim orthodoxer Priester in St. Petersburg geworden war (später Erzbischof und Metropolit der russischen Exilkirche in Berlin) nahm Prinz Max einesteils gewisse abfällige Urteile über «die Orientalen» übel (Max neigte damals noch zu fragwürdigen Pauschalurteilen völkerpsychologischer Art) und warf ihm anderseits Inkonsequenz vor, indem er eigentlich der orthodoxen Kirche näher stehe als der katholischen. Prinz Max wehrte sich in einer über sechzigseitigen Broschüre, die ebenfalls in St. Petersburg erschien (1910). In der Argumentation und besonders in der Kenntnis der Quellentexte (die er hier nicht nur im Urtext, son-

dern ausnahmsweise auch mit genauer Stellenangabe zitiert), ist er S. Lade überlegen; aber er spricht ihn mit höchster Ehrerbietung an: «Hochwürdiger Konfrater im Priestertum Jesu Christi!», und er schliesst: «Möge aber auch einmal der Tag kommen, wo wir nicht auf verschiedenen Weideplätzen, sondern auf einem einzigen, wenn auch in verschiedener Weise und auf verschiedenen Wegen, demselben Herrn dienen!» Und: «So möchte auch ich Ihnen, obwohl wir äusserlich keine Kirchengemeinschaft haben, zu Ihrem priesterlichen Amte Gottes Segen und Gnade wünschen.»
In der Zwischenzeit hatte Prinz Max noch weitere Abhandlungen und Reisebeschreibungen aus dem Osten veröffentlicht, in denen seine kirchengeschichtlichen und dogmatischen Urteile offen dalagen, so dass niemand mehr als er völlig überrascht, verwirrt, ja geradezu erschreckt war, als der Artikel in «Roma e l'Oriente» im November 1910 einen solchen Skandal verursachte; denn darin stand nichts Neues, nur alles in konzentrierter und prägnanter, angriffiger Weise.
Er fragt sich: Warum sind die Kirchen seit tausend Jahren immer noch getrennt, obwohl schon so viele Versuche der Wiedervereinigung unternommen worden sind? Zuerst muss man sich einmal über den genauen Wortsinn von «Einigung» (union) verständigen: Man darf nicht, wie in der Westkirche oft, einfach Rückkehr zur allein wahren Kirche unter dem einen Hirten darunter verstehen, sondern soll sich das Ideal der Ostkirche vor Augen halten: Freundschaft, Eintracht, Brüderlichkeit. Zwischen diesen Extremen siedelt sich der Vorschlag des Prinzen Max an: Zuerst einmal soll man beide Kirchen als gleichberechtigte Schwestern anerkennen; sodann soll man festhalten, dass die Unterschiede nicht dogmatischer Art sind, sondern solche der theologischen Formulierung; schliesslich soll man nicht den Orientalen eine sogenannte Union anbieten, bei der zwar Sprache und Riten gnädigst zugestanden werden, im übrigen aber Denk- und Herrschaftsstil rein römisch sind. Was das Papsttum anbetrifft, werden die Orientalen sicher den Papst für allgemein kirchliche Fragen anerkennen, aber nicht in seiner Eigenschaft als Patriarch des Westens für sich verbindlich erachten. Was die Westkirche an dogmatischen Definitionen seit der Trennung vorgenommen hat, soll die Ostkirche

als Entwicklungen des vorher schon implizit Geglaubten gelten lassen, doch soll es ihr nicht ohne ihr vorheriges Einverständnis auferlegt werden; gemeinsame Glaubensgrundlage sei, was in den sieben ökumenischen Konzilien erarbeitet wurde. Die Westkirche soll demütig eingestehen, wie sie im päpstlichen Verhalten und in der theologischen Argumentation oft die brüderliche Liebe vermissen liess; die faktische Herrschaft der monarchischen Spitze soll nicht unbesehen – so wie sie heute ausgeübt wird – als Einsetzung durch Christus ausgegeben werden; das Beten für die Verstorbenen setzt nicht einen Aufenthalts-«Ort» in der Art eines «Fegfeuers» voraus; die Transsubstantiation ist in der Westkirche, die nur die Wandlungsworte kennt, zu Recht an diese geknüpft; die Ostkirche, die die Epiklese kennt (die Herabrufung des Heiligen Geistes nachher), glaubt zu Recht, dass die Umwandlung im Verlauf dieser Gebetstexte erfolgt; die Firmung kann durchaus, wie in der Ur- und der Ostkirche, vom Priester zugleich mit der Taufe erteilt werden und braucht nicht wie in der Westkirche in vorgerückterem Alter dem Bischof vorbehalten zu bleiben. Wahrheit und Liebe werden verhindern, dass es der Ostkirche weiterhin geht wie dem Kaufmann, der unter die Räuber fiel.

Der Redaktor des päpstlichen Verurteilungs-Rundschreibens fasste die auf 17 hohen Druckseiten erörterten Gedanken von Prinz Max auf 80 Zeilen zusammen, erst noch teilweise pointierter als vom Verfasser gemeint, und lehnte sie – derart verkürzt und entstaltet – in Bausch und Bogen ab. Das Pikante ist, dass nicht nur dogmatische, sondern auch «historische Irrtümer» festgestellt werden, etwa wenn Prinz Max «diese heiligen Unternehmungen, die man Kreuzzüge nennt», einfach als «Räuberzüge» bezeichnet! Den Appell des Prinzen: «Wenn Dein Auge – das Auge Deines Herzens – einfach ist, dann ist Dein ganzer Leib im Licht», konnte die damalige Kurie gar nicht vernehmen, taub wie sie den berechtigten Anliegen der Ostkirche gegenüber war, und so musste die Verurteilung wohl kommen. Aber Prinz Max hielt sich an seinen eigenen Rat:

Die simplicitas cordis hinderte ihn daran, den Skandal von seiner Seite aus zu schüren; er fügte sich sofort, schwieg einstweilen zum Thema, begab sich sogar 1912 (auf Veranlassung seines Bruders, des Königs von Sachsen) ans Priesterseminar nach Köln, wohl um in Freiburg die Gemüter zu beruhigen (oder in Rom?). Die Erfahrung des Krieges und die Begegnung mit der Lebensreform-Bewegung liessen in seinem Innern dann andere Ideen und Ideale reifen, denen er sich fortan in der Öffentlichkeit widmete.

«Lebensreformbestrebungen» – das ist ein Sammelname und ein Programm von Bewegungen, die eine gesunde Lebensweise in Ablehnung bereits erkennbarer Zivilisationsschäden propagierten. Eine emotional geprägte Einstellung gegenüber der Natur als Pendelausschlag zu verfeinerter, überzüchteter Kultur ist seit der Antike periodisch zu beobachten. Doch kann man bis zu Rousseau kaum von «Bewegungen» sprechen, die eine Mehrzahl von Menschen umfassen; vielmehr war dieser Ausgleich stets nur die Angelegenheit weniger elitärer Leute, die sich erst noch in eine zumeist nur poetisch-fiktive Natur flüchteten. Das «Zurück zur Natur» äusserte sich dann im 19. Jahrhundert in vielerlei Bestrebungen, die dem Menschen durch die Natur Heil und Heilung zuwenden wollten: Pioniere setzten sich ab 1850 für naturgemässes Essen und Trinken, für naturgemässes Körpertraining, Kleiden und Wohnen ein. Die Reform-Entwürfe mündeten in eine eigentliche Reform-Zeit, die mit dem ersten Weltkrieg einen ersten empfindlichen Unterbruch erlitt, nachher wieder neu auftauchte und seit dem zweiten Weltkrieg, z.T. mit anderen Vorzeichen und anderer Stossrichtung, oft virulent und politisch bedeutsam, die Welt in Spannung hält. Viele Bewegungen sind nicht nur individual-ethisch zu verharmlosen. Die Anti-Alkohol-(positiv: die Abstinenz-)Bewegung ist auf dem Hintergrund der Alkohol-Misere des ersten Industrie-Proletariats zu sehen; lokkere Kleidung und die Begegnung des freien oder gar nackten Körpers mit Licht, Luft und Wasser sind eine Reaktion auf eingeschnürte Korsetts, Stehkragen und strenge Badesitten; neues Wohnen und neues Siedeln will einen Kontrapunkt zu den erbärmlichen Mietskasernen mit ihren heute unvorstellbaren hygienischen und sittlichen Verhältnissen setzen; und der Pazifismus nimmt es mit Nationalismus, Kolonialismus und den Grausamkeiten der europäischen und dann der Welt-Kriege auf.

Prinz Max hat sich mit vielen dieser Bestrebungen identifiziert, nicht jedoch mit Ablegern wie Antisemitismus, Rassismus, sexu-

eller Befreiung, die ebenfalls propagiert wurden. Auch für Reformpädagogik hatte er Interesse, wie die Besuche in Paul Geheebs «Ecole d'Humanité» zeigen, als sie am Schwarzsee im Freiburgerland untergebracht war (in den vierziger Jahren). Er praktizierte selber die meisten gesundheitsfördernden Massnahmen – sein hohes Alter und die zähe Widerstandskraft gegen äussere Unbilden und körperliche Schwächen gaben ihm schliesslich recht – und wurde Vorstandsmitglied oder gar Präsident entsprechender Vereinigungen. In aller Schlichtheit und in Respektierung anderer weltanschaulicher Positionen trug er seine Gedanken zu einschlägigen Themen vor, immer ausgehend von der Heiligen Schrift, den Schriftstellern des christlichen Ostens und den Legenden und Lebensbeschreibungen der Heiligen. Wie sehr er auch von seinen Anschauungen überzeugt war, er trug sie immer in friedvoller, ganz und gar unfanatischer Weise vor und billigte auch abweichenden Meinungen gute Beweggründe zu. Bei der Hingabe an diese Ideen geriet er auch mit Agnostikern, Sozialisten, Militärgegnern und andern «suspekten» Leuten in Kontakt; seine Vorträge standen etwa in einer Reihe von weiteren Veranstaltungen, die auch Unterhaltungsabende und Kabarettaufführungen umfassten, oder mussten, mangels geeigneten Lokals, in einer protestantischen Kirche gehalten werden, seine Anrufe wurden auch von weltanschaulich ganz anders gelagerten Zeitschriften zustimmend abgedruckt, und er wurde wieder in ganz Europa als Vortragsredner herumgeboten. Er selber durchschaute diese Verquickungen anscheinend kaum oder – eher – nahm sie bewusst in Kauf, um auch die katholische Stimme ins Konzert einzubringen; jedenfalls kam er wieder mit der königlichen Verwandtschaft und mit der kirchlichen Hierarchie in Konflikt.
Sein Hauptargument für Lebensreform, besonders Vegetarismus und Alkoholabstinenz, war nicht so sehr aszetischer, als vielmehr ethischer Natur: Aus der Tatsache, dass auch die Tiere Geschöpfe Gottes sind, folgert, dass wir sie nicht um unseres Genusses willen (denn zu unserer Lebenserhaltung sind sie nicht unabdingbar) töten dürfen; aus der Lehre Christi, der uns die Liebe, Güte und Milde predigt, folgert, dass wir diese Liebe auf die ganze Schöpfung ausweiten müssen; und aus der Tatsache, dass unser Leib ein

Tempel des Heiligen Geistes ist, lässt sich schliessen, dass wir diesen Leib aus reiner Nahrung, nicht dem Fleisch getöteter Tiere, aufbauen müssen. Prinz Max folgt nicht dem Beispiel jener, die die Bibel krampfhaft zu ihren Gunsten umdeuten, auch wo der Wortlaut dagegen ist; er liest nur daraus, dass Vieles darin für den Vegetarismus spricht, wenn auch nichts ihn zur Verpflichtung macht; dass Freiheit vor Zwang kommt, hat Prinz Max schon immer anerkannt. Er lässt aber keinen Zweifel daran, dass er vegetarisches und alkoholfreies Leben für sittlich höher stehend hält und traut dem Christentum zu, auch Ideale anstreben und empfehlen zu dürfen, die bei seiner Gründung noch nicht verwirklicht waren. Die Heiligenleben bzw. Legenden erzählen vom engen Vertrauensverhältnis zwischen Heiligen und Tieren. Auch das hat er selbst mit seiner Netti vorgelebt, der er bei ihrem Tod ein Holzgrabmal mit der Inschrift widmete: «Dr. Max, Herzog zu Sachsen, seinem treuen Hunde Netti, reinster Treue reinstes Bild.»

Prinz Max drang in seinen Überlegungen und in der Beibringung von Beispielen aus Bibel und Christentumsgeschichte nicht zu einer kohärenten, umfassenden Schöpfungsethik vor, die erst in allerneuester Zeit ausgebaut wird. Mit Verspätung nehmen sich die Theologen der Umwelt an. In seinem grenzenlosen Respekt vor der ganzen Schöpfung Gottes, in seinem behutsamen Umgang mit den Tieren, in seiner unbefangenen Art, sich in die Schöpfungsordnung einzufügen (Baden, Wandern, Zucht des Körpers, Ausgleich der geistigen durch manuelle Tätigkeit: er hat gemäht, Holz gehackt, gestrickt – mit entsetzlichem Ergebnis, so unpraktisch war er!), in seiner ganzen Haltung ist er seiner Zeit weit voraus und hat uns heute noch viel zu sagen.

Das gilt erst recht von einem weiteren, damit verwandten Bereich, dem Prinz Max seine Kräfte gewidmet hat: vom Frieden. «Es besteht (eben) zwischen allen Lebensfragen ein untrennbarer Zusammenhang.» Prinz Max plädiert für «Natürlichkeit» im privaten, wirtschaftlichen und politischen Bereich. «Was ist dem Menschen natürlich? Ich verstehe darunter dasjenige, was seiner wahren, mit Vernunft ausgestatteten Natur und den Aufgaben entspricht, die ihr gesetzt sind.» In diesem Sinne gehört auch Kultur zur Natur des Menschen. «Abstinenz, vegetarisches Leben

und Völkerfrieden, das sind drei Punkte, die mir besonders am Herzen liegen», schreibt er in der Einleitung seiner «Ratschläge und Mahnungen zum Volks- und Menschheitswohle» (1919). Ganz anders als unmittelbar nach dem zweiten Weltkrieg brach nach dem ersten eine ungeheure Friedenssehnsucht auf, die sich in vielen Vereinigungen und Zeitschriften artikulierte. Prinz Max, der aus persönlicher leidvoller Erfahrung und aus leidenschaftlich aufgewühlten Überlegungen heraus zum überzeugten Pazifisten wurde, stand dem «Friedensbund deutscher Katholiken» nahe, in dessen Zeitschrift «Der Friedenskämpfer» er bisweilen publizierte. Das Selbstverständnis dieses Bundes wird im Hermes-Handlexikon «Die Friedensbewegung» wie folgt charakterisiert:
– Er verstand das Liebesgebot Jesu Christi als konkrete Verpflichtung im individuellen wie im gesellschaftlich-staatlichen Bereich.
– Er sah seine Aufgabe darin, diesem Gebot innerhalb der Kirche zur Geltung zu verhelfen.
– Er wollte im öffentlichen Leben eine «Politik aus dem Glauben» mitgestalten, deren oberster Massstab die Durchsetzung des Friedens auf allen Ebenen menschlicher Existenz sein sollte.

Diese Grundsätze und Absichten teilte Prinz Max voll und ganz; er stand in Geistesverwandtschaft mit in der Öffentlichkeit bekannteren und wirksameren Vertretern dieses christlichen Pazifismus (Max Josef Metzger, Franziskus Maria Stratmann, Walter Dirks, Friedrich Dessauer).

Der erste Weltkrieg hat ihn in seinen friedensfördernden Tätigkeiten nur bestärkt, ja schon im Kriege selbst hat er sich für die sogenannten «Feinde» eingesetzt, die Gefangenen liebevoll betreut und auf strenge Einhaltung wenigstens der humanitären Kriegsregeln gegenüber Gefangenen, Partisanen usw. gedrängt; es wird sogar vermutet, dass dieser sein Einsatz mit ein Grund war, dass er von der Front abberufen wurde; der andere war, dass er zu Kaiser Wilhelm vor versammeltem Divisionsstab mitten in die peinliche Pause nach dessen heftigen Beschimpfungen der Engländer sagte: «Aber Wilhelm, ich weiss gar nicht was du hast, du bist ja selbst ein halber Engländer» (von der Mutter her). Prinz

Prinz Max als Feldgeistlicher inmitten höherer Offiziere (1914/15).

Max, der noch im ersten Dezennium dieses Jahrhunderts eine jugendlich straffe Haltung zeigt, macht im Krieg eine jämmerliche, in sich zusammengeknickte Figur, die mit seiner Feldprediger-Uniform seltsam kontrastiert; diese Gebrochenheit fiel nach seiner Rückkehr nach Freiburg 1921 sofort auf. Der Krieg muss ihm zutiefst zuwider gewesen sein.
Seinem Feldgeistlichen-Kameraden Dr. Hermann Hoffmann aus Schlesien, der mit ihm an der Westfront war, vertraute er unter Tränen an: «Wenn es einen gerechten Gott im Himmel gibt, müssen wir den Krieg verlieren wegen der Greuel, die wir in Belgien verübt haben.»
So geisselt er denn in seinen Schriften nach dem Krieg in scharfen Worten die «Torheit des übertriebenen Nationalismus», er findet ihn dumm und abgeschmackt; er spricht klipp und klar vom «Widersinn des Krieges», dieser «allerunnatürlichsten, törichtesten und unwahrsten Einrichtung des Menschengeschlechtes». Er

schildert in bewegten Worten die Folgen jeden Krieges, seine Unsittlichkeit, die er notwendigerweise im Gefolge hat. Von einem Friedensschluss hält er nicht viel, das ist nur «ein Zwangsinstitut, welches einer Fortsetzung des Krieges in anderer Form gleichkommt». Die Tatsache, dass «das offizielle Christentum» sich nicht eindeutig vom Kriege distanziert, verursacht ihm «innere Kämpfe»: «Gewiss bleibe ich meiner Kirche und ihren Lehren in Allem gehorsam, kann und darf nicht lehren, dass bereits jetzt die Beteiligung am Kriege sündhaft sei. Aber in dem Sinne Pazifist zu sein, dass ich sage, man muss auf die Abschaffung des ganzen an sich bösen Instituts hinarbeiten, kann mich niemand hindern.» «Nur dann sollte sein (des Staates) Kriegführen als erlaubt gelten, wenn der Fall so läge, dass er im buchstäblichen Sinne überfallen wird und sich wehren muss, um nicht zugrunde zu gehen.» Er will lieber sich radikal um Beseitigung des Krieges bemühen, als einzelne zur Dienstverweigerung aufzufordern und sie so nur in Konflikt mit dem Gesetz zu bringen; aber er achtet ihren Gewissensentscheid (wenn er «nicht aus Feigheit» geschieht) sehr hoch und empfindet «ein Bedauern darüber im Herzen, ihn augenblicklich nicht teilen zu können».

Er ist für Abrüstung, für Friedenserziehung in den Familien und in der Öffentlichkeit, für einen Menschheitsstaat. Immerhin rechnet er auch dann noch mit der Möglichkeit eines Ruhestörers; dann «verpflichte sich die Menschheit, ihn sofort gemeinschaftlich zur Ruhe zu bringen und ihm das Handwerk zu legen». Wie das zu geschehen habe, und ob das denn nicht auch wieder eine Art von Kriegsführung sei, darüber schweigt sich Prinz Max aus, so wie er schon die Frage der Grausamkeit der Tiere untereinander ausgeblendet hat, die Reinhold Schneider so unsäglich aufwühlte.

Als Hitler an die Macht kam und Vorträge in Deutschland über die Juden- oder Friedensfrage verboten waren, der kommende Krieg aber für so scharfsinnige Menschen wie Prinz Max unausweichlich schien, da begann er, ein eigenes «Officium de Pace», ein vollständiges Stundengebet, von Mette bis Komplet, für den Frieden auszuarbeiten, lateinisch und deutsch. Er fand keinen Verleger, der die Herausgabe gewagt hätte, und er selber hatte kein Geld mehr, sie zu bewerkstelligen. So begnügte er sich mit einer 32seitigen Kurzfassung in Broschürenform mit dem Titel: «Gib, Herr, Frieden in unseren Tagen!»

Die Friedenssorge mündet in die Liturgie. Der aller weltlichen und finanziellen Macht bare Prinz Max rief in seiner Einsamkeit Gott im offiziellen kirchlichen Stundengebet mit Psalmen, Hymnen und Gebeten an, er möge der irregeleiteten Welt Frieden schenken. Sein ganzes Leben war diesem Anliegen gewidmet: «Liebe, Freude, Friede, Geduld, Freundlichkeit, Güte, Treue, Milde, Keuschheit.»

Eine kosmische Frömmigkeit durchdrang ihn, die gar nichts Verschwommenes an sich hatte; er war zu stark geprägt von Weltgeschichte und Heilsgeschichte, als dass er sich in einen Pantheismus verflüchtigt hätte; die tiefsten Glaubensgeheimnisse hatte er jahrzehntelang aus Liturgie und Literatur der Ostkirche sich anverwandelt, er war ganz eins geworden mit seiner Sendung, die er früh intuitiv erfasst hatte: sich als bescheidener Jünger in die Nachfolge Christi hinein zu begeben, von manchen verkannt, von vielen verehrt und geliebt.

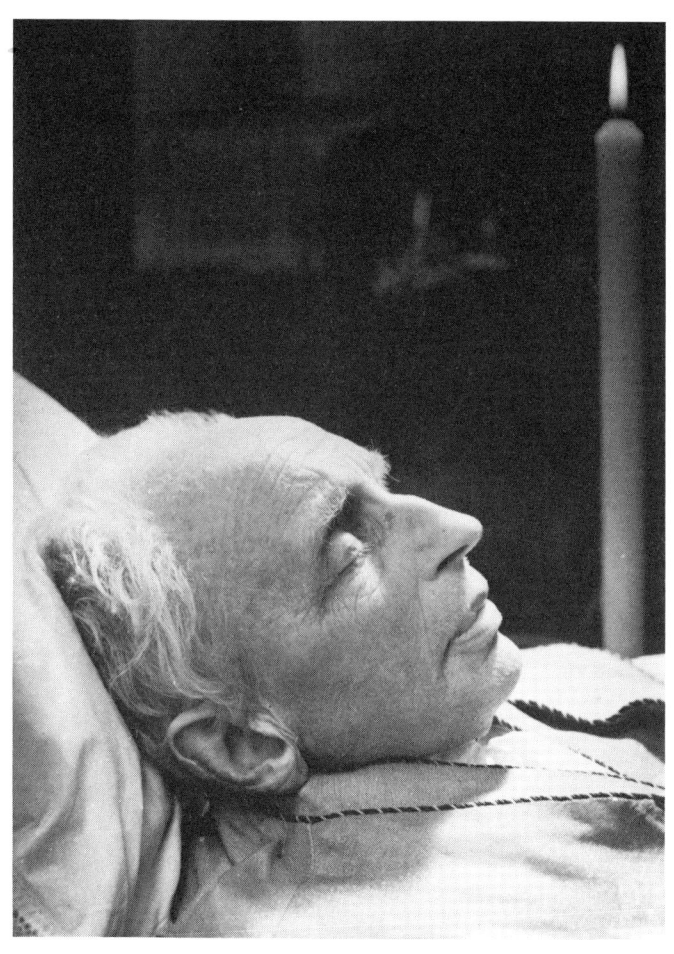

Prinz Max aufgebahrt im damaligen Marienheim der Kanisiusschwestern an der Reichengasse in Freiburg.

Stammtafel (in Auswahl)

Das Haus Wettin führt sich auf *Dedi* (†957) zurück. Ein Jahrhundert später finden wir *Konrad den Grossen* (1098?–1157), Markgraf von Meissen, der sich 1156 auf das Chorherrenstift Petersberg bei Halle zurückzog. Ein Mehrer des sächsischen Reiches durch Hinzugewinn von Thüringen und der Pfalz Sachsen war *Heinrich der Erlauchte*, Minnesänger (1218–1288). *Friedrich der Streitbare* (1369–1428) wurde mit weiteren Ländern belehnt und erhielt u.a. die Kurwürde und das Kurerzmarschallamt (mit dem Recht, das Reichsschwert zu tragen; daher die gekreuzten Schwerter im Wappen, noch heute Kennzeichen des Meissner Porzellans). Unter *Friedrich III. dem Weisen* (1463–1525), seit 1486 Kurfürst, Einführung der Reformation.

Europäischen Rang beanspruchte *Friedrich August I. der Starke* (1673–1733), 15. Kurfürst seines Hauses 1694–1733, seit 1697 als König von Polen August II., katholisch geworden. Sein Sohn *Friedrich August II.* (1696–1763), Kurfürst 1733–1763, als König von Polen August III. seit 1733; seit 1712 katholisch. Seither ist das Haus Wettin katholisch. Seine Gemahlin war Maria Josepha, Tochter des Kaisers Joseph I.

Sein Sohn *Friedrich Christian* (1722–1763) regierte nur drei Monate. Nach seinem Tod musste dessen Sohn *Friedrich August III.* (1750–1827) noch fünf Jahre warten, bis er die Regentschaft antreten konnte. 1806 wurde er König und nannte sich *Friedrich August I.* 1827 folgte ihm der Bruder *Anton* (1755–1836), der 1830 seinen Neffen (Sohn des Bruders Maximilian) *Friedrich August II.* (geb. 1797) zum Mitregenten ernannte; dieser regierte als König von 1836 bis zum Unfalltode 1854. Sein Bruder *Johann* (1801–1873), vermählt mit Amalie, Prinzessin von Bayern, ist noch heute bekannt als Dante-Übersetzer und -Kommentator unter dem Namen «Philalethes».

Sein Sohn *Albert* (1828–1902), vermählt mit Carola, Prinzessin von Wasa, hinterliess bei seinem Tod das Königreich dem Bruder *Georg* (1832–1904), vermählt mit Maria Anna, Infantin von Portugal (1843–1884). Ihre Kinder:

Mathilde (1863–1933); Maria Josepha (1867–1944), vermählt mit Otto von Österreich (1865–1903), Mutter von Kaiser Karl von Österreich (1887–1922), Schwiegermutter von Kaiserin Zita (*1892); *Friedrich August III.* (1865–1932), vermählt mit Luise von Österreich-Toskana, geschieden 1903; Johann Georg (1865–1932), verheiratet mit Maria Isabella von Württemberg (1871–1904), dann mit Maria Immaculata von Bourbon-Sizilien (1874–1947); Max (1870–1951), 1896 Priester; Albert (1875–1900).

Die Nachkommen des letzten Königs von Sachsen sind: Georg (1893–1943), Priester 1924, dann Eintritt in die Gesellschaft Jesu; Friedrich Christian (1893–1968) verheiratet mit Elisabeth von Thurn und Taxis; Ernst Heinrich (1896–1971), verheiratet in 1. Ehe mit Sofie von Luxemburg; Margarethe (1900–1962), verheiratet mit Friedrich Viktor von Hohenzollern; Marie Alix (*1901), verheiratet mit Franz Josef von Hohenzollern; Anna Monika Pia (1903–1976), verheiratet mit Josef Franz von Österreich.

Markgraf Friedrich Christian von Meissen hatte folgende Kinder, die heute noch alle leben: Maria Emanuel (*1926), Maria Josepha (*1928), Maria Anna (*1929), Albert (*1934), Mathilde (*1936).

Zeittafel und wichtigste Werke

1870 17. November: Prinz Max von Sachsen wird in Dresden im Prinzlichen Gartenpalais an der Langen Strasse geboren; der Vater, Prinz Georg, weilt zu dieser Zeit als Kommandant eines Armeekorps im deutsch-französischen Krieg.

1876 Elementar-Unterricht und militärisch-sportliche Ausbildung zusammen mit dem Bruder Johann Georg.

1880 Beginn des Gymnasialunterrichts im Familien-Palais durch mehrere Privatlehrer.

1882 Ernennung zum Sekondelieutenant.

1884 Tod der Mutter an typhösem Fieber.

1888 Reifeprüfung, anschliessend ein Jahr lang aktive Dienstleistung, Beförderung zum Premierlieutenant.

1889 Studium der Rechte und der Nationalökonomie, zuerst in Freiburg i. Br., dann in Leipzig.

1892 Promotion zum Dr. jur. mit der Dissertation *Die staatsrechtliche Stellung der königlich-sächsichen Markgrafschaft Oberlausitz* (Leipzig o. J.); anschliessend wiederum militärische Dienstleistung.

1893 Ehrenvoller Abschied aus der königlich-sächsischen Armee. Erholungsreise nach Tirol und Steiermark; Aufenthalt in Eichstätt (Bayern), zunächst beim Bischof; Wallfahrt nach Einsiedeln; Eintritt ins Priesterseminar in Eichstätt und Beginn des Theologie-Studiums im dortigen bischöflichen Lyzeum. Wallfahrt nach Lourdes. Sommerferien jeweils zu Hause. Im Winter 1894/95 Erkrankung und anschliessend Erholung am Gardasee.

1896 Juli/August: Priesterweihe in Eichstätt, erste heilige Messe in Dresden. Dann Seelsorge in London in der Deutschen Mission; ab Ende September 1897 Kooperator (Kaplan) in Eichstätt St. Walburga.

1898 20. Dezember: Promotion zum Dr. theol. in Würzburg; Dissertation: *Der heilige Märtyrer Apollonius von Rom. Eine historisch-kritische Studie* (Mainz 1903). Hierauf Seelsorger in Nürnberg.

Prinz Max als junger Offizier der sächsischen Armee.

1899 *Verteidigung der Moraltheologie des hl. Alphonsus von Liguori gegen die Angriffe Robert Grassmanns* (mehrere Auflagen 1899–1901).
1900 Berufung zum Professor für Liturgik und kanonisches Recht an die Universität Freiburg in der Schweiz. *Praelectiones de liturgiis orientalibus* (Bern 1904), 2. Auflage, 1. Band Freiburg i. Br. 1908, 2. Band 1913.
1903 Reise nach Palästina, Libanon, Ägypten.
1905 Reise nach Galizien, die Bukowina, Besuch in Tschenstochau, Rumänien, über das Schwarze Meer nach Konstantinopel und von da wieder zurück nach Russland, u.a. St. Petersburg.
1906 Artikelfolge in den «Neuen Zürcher Nachrichten» *Zur Geschichte der ruthenischen Kirche.* – Reise nach Südungarn (zu den dortigen Serben), Bosnien-Herzegowina, Montenegro, Griechenland, Smyrna und Konstantinopel.
1907 Reise nach Armenien und Georgien, anschliessend nach Konstantinopel, zum Berg Athos, Rückkehr durch den Balkan. – *Vorlesungen über die orientalische Kirchenfrage* (Freiburg/Schweiz 1907), Übersetzungen orientalischer Messriten ins Lateinische, mit jeweils ausführlicher Einleitung: *syrisch-maronitisch, chaldäisch, griechisch, armenisch, syrisch-antiochenisch* (Regensburg 1907–1908); Übersetzung des *griechischen Offiziums vom Karsamstag (Epitaphia)* ins Französische (Freiburg/Schweiz und Paris 1907). Seit 1907 ist Prinz Max Abstinent.
1909 Reise nach Griechenland.
1910 November: *Gedanken über die Frage der Einheit der Kirchen* (auf französisch) in der Zeitschrift «Roma e l'Oriente» (Grottaferrata bei Rom). Verurteilung durch Pius X. – Prinz Max bearbeitet bzw. übersetzt *Des heiligen Johannes Chrysostomus Homilien über das Evangelium des hl. Matthäus* (2 Bände, Regensburg 1910) bzw. *über das erste Buch Mosis* (2 Bände, Regensburg 1913–14).
1912 Berufung ans Priesterseminar in Köln; *Erklärung der Psalmen und Cantica in ihrer liturgischen Verwendung* (Regensburg und Rom 1914). Daneben reiche Seelsorgetätigkeit. Seit 1913 ist Prinz Max Vegetarier.

1914 Ab Kriegsausbruch Feldgeistlicher bei den sächsischen Truppen in Belgien und Frankreich.
1915 Mai: Versetzung als Lazarettseelsorger nach Sachsen.
1916 Abschied vom Militärseelsorgedienst. Wissenschaftliche Studien, Seelsorge in Sachsen. Beginn der Auseinandersetzung mit Fragen des Friedens und der Lebensreform.
1918 Nach Untergang des Königtums in Sachsen Seelsorge in Bayern. *Das christliche Hellas* (Leipzig 1918) (=Vorlesungen von 1910). *Nerses von Lampron, Erklärung der Sprüchwörter Salomo's* (3 Bände, Leipzig 1919–26) und *Nerses von Lampron, Erklärung des «Versammlers» (Predigers)* (Leipzig 1929) (kritische Edition und deutsche Übersetzung).
1921 *Ratschläge und Mahnungen zum Volks- und Menschheitswohle* (Dresden 1921). – Rückkehr nach Freiburg/ Schweiz als Ordinarius an die philosophische Fakultät, Lehrauftrag: Kulturen und Literaturen des Ostens. Ernennung zum päpstlichen Hausprälaten, Ablehnung durch Prinz Max. Vorlesungen über Geschichte der Völker und Kirchen des Orients; etwa ein Drittel seiner Vorlesungen in den folgenden drei Jahrzehnten sind Russland gewidmet. – Rege Publikations- und Vortrags-Tätigkeit über Lebensreform- und Friedensfragen in Deutschland (bis 1933) und in der Schweiz. Seelsorge besonders bei den Kanisiusschwestern und im Kantonalen Gefängnis, auf der Kanzel und im Beichtstuhl.
1928 *Ratschläge eines Freundes* (Dresden 1928).
1929 *Der heilige Theodor, Archimandrit von Studion* (München 1929).
1934 Der Versuch, eine Frauenkongregation nach lebensreformerischen Grundsätzen zu fördern, scheitert.
1938 Wohnsitz in Bürglen (Wallfahrtsort bei Freiburg). *Gib, Herr, Frieden in unseren Tagen!* (Freiburg/Schweiz 1938) (=Friedensgebetbüchlein, Auszug aus einem umfangreichen Officium de Pace).
1941 Emeritierung und Ernennung zum Honorarprofessor; Fortsetzung der Vorlesungen. Vorträge, Zeitungs- und

Zeitschriftenartikel, u.a. über die *Geschichte Russlands* («Schweizerische Republikanische Blätter» 1943–46).
1951 12. Januar: Prinz Max stirbt in der St. Anna-Klinik. Aufbahrung im Marienheim der Kanisiusschwestern, Tausende von Gläubigen defilieren vor seinem Sarg. Trauergottesdienst in der Wallfahrtskapelle Bürglen. Beerdigung auf dem Friedhof der Kanisiusschwestern in Bürglen. – Nachrufe im In- und Ausland. – Dr. Ferdinand Rüegg (1884–1970), Bibliothekar in Freiburg, kümmert sich um den wissenschaftlichen Nachlass und beginnt ihn zu ordnen; die Kanisiusschwestern bewahren pietätvoll die Gebrauchsgegenstände des religiösen und profanen Alltags von Prinz Max auf.

Dank und Bitte

Der Schweizerische Nationalfonds zur Förderung der wissenschaftlichen Forschung gewährte mir auf ein Gesuch von Prof. Dr. Christoph von Schönborn OP, Professor an der Universität Freiburg, ein Jahr Urlaub, um mir die Vorbereitung einer umfassenden Biographie des Prinzen Max von Sachsen zu ermöglichen. Einen bedeutenden Anteil an der Materialsammlung hat Hans Cichon, Friedrichshafen, der die ersten drei Jahrzehnte, v.a. die Eichstätter Studienzeit, dokumentarisch aufgearbeitet hat. Der Grossneffe von Prinz Max, Markgraf Maria Emanuel von Meissen Herzog zu Sachsen, und die Markgräfin haben die Veröffentlichung dieser ersten zusammenfassenden Biographie in mehrerer Hinsicht überhaupt erst möglich gemacht, in Fortsetzung des «Mäzenatentums in Sachsen», dem er eine eigene Schrift gewidmet hat (1968). Ihm und andern Mitgliedern der Häuser Sachsen, Sachsen-Meiningen und Habsburg sowie über zweihundert weiteren Gewährspersonen, die auf Rundschreiben, Zeitungsartikel und persönliche Anfragen reagierten und wertvolles Material beisteuerten, sowie den Archivaren und Bibliothekaren, die in unermüdlicher Geduld Fragen beantworteten und Material suchten, sei hiermit mein herzlicher Dank ausgesprochen.

Mit dem Dank verbinde ich die Bitte an alle Leser dieser Schrift, mir weiterhin behilflich zu sein, indem sie mir ihnen bekannte Schriften (Bücher, Artikel, Vorträge) von Prinz Max anzeigen, Briefkopien zuschicken und von ihren Begegnungen mit ihm erzählen, so schlicht und so genau wie möglich. [1])

Meine Familie nimmt mit Geduld und Humor Anteil an meiner Beschäftigung mit Leben und Werk von Prinz Max; in dieser Atmosphäre ist es schön zu arbeiten. Ich fühle mich getragen von einem Abschnitt aus dem Testament von Prinz Max: «Nun habe ich noch eine Fülle von Manuskripten von mir und von Notizen, die ich gemacht und die ich in Heften gesammelt habe ... Es gibt darunter so vieles, was ich nicht herausgegeben habe und doch so gerne herausgegeben hätte ... Wenn jemand dafür sorgen würde,

---

[1] Adresse des Verfassers: rue Georges-Jordil 6, CH–1700 Fribourg/Freiburg i.Ue.

dass Manches davon nach meinem Tode herauskäme, wäre ich selbst im Jenseits noch sehr dankbar. Es wäre daher sehr für mich wünschenswert, wenn Jemand sich über diese vielen Papiere hermachen und sie genau durchsehen würde.» Im einzigen Traum, in dem ich bisher Prinz Max begegnete, bemerkte ich zu ihm, er müsse aber gestehen, dass seine Handschrift schrecklich schwer lesbar sei, wozu er fein lächelte...

Iso Baumer

GELEBTES CHRISTENTUM
Eine Biographien-Reihe, herausgegeben von
Victor Conzemius und Andreas Lindt

Victor Conzemius	**Vinzenz von Paul** (1581–1660)
	Grossstratege der Brüderlichkeit
Arthur Rich	**Pascal** (1623–1662)
Karl Fehr	**Jeremias Gotthelf** (1797–1854)
Josef Imbach	**Dostojewski** (1821–1881)
Felix Christ	**Henry Dunant** (1828–1910)
	Leben und Glauben des Rotkreuz-Gründers
Magdalena Padberg	**Elsa Brandström** (1888–1948)
	Der Engel der Gefangenen
Alex Funke	**Friedrich von Bodelschwingh** (1831–1910)
Oskar Köhler	**Johann Peter Hebel** (1773–1826)
Irmgard Wild	**Florence Nightingale** (1820–1910)
Paulus Engelhardt	**Max Josef Metzger** (1887–1944)
Alex Funke	**Eva von Tiele-Winckler** (1866–1930)
Victor Conzemius	**Adolf Kolping** (1813–1865)
	Der Gesellenvater
Victor Conzemius	**William Booth** (1829–1912)
	General der Heilsarmee
J. M. Lochman	**Comenius** (1592–1670)
Victor Conzemius	**Frédéric Ozanam** (1813–1853)
	Solidarität statt Klassenkampf
Cordula Koepcke	**Jochen Klepper** (1903–1942)
Helene Werthemann	**Johann Sebastian Bach** (1685–1750)
Cordula Koepcke	**Johann Friedrich Oberlin** (1740–1817)
	Ein elsässischer Landpfarrer
Reinhard Görisch	**Matthias Claudius** (1740–1815)
Cordula Koepcke	**Edith Stein** (1891–1942)
Victor Conzemius	**Robert Schuman** (1886–1963)
	Christ und Staatsmann
Iso Baumer	**Prinz Max von Sachsen** (1870–1951)
Adelhelm Bünter	**Theodosius Florentini** (1808–1865)

IMBA VERLAG FREIBURG/SCHWEIZ
FRIEDRICH WITTIG VERLAG HAMBURG